老夏◎著

新零售实战系列

手机淘宝运营策略、技巧与案例

電子工業出版社
Publishing House of Electronics Industry
北京•BEIJING

内容简介

未来电商必然会朝着场景化、智能化和去中心化的大方向发展。新兴的移动电商时代，消费者的需求和网购环境发生了巨大的变化，他们的购买需求随时会在各类社交场景中被激发。随着互联网数据运算技术的快速成熟，大数据将成为新的利益推动点，精准匹配供求信息、个性化推荐、用户偏好预测、优化页面，将有效提升手机淘宝运营效率。

本书从淘宝的趋势变化、手机淘宝关键词选词实操技巧、移动电商的逻辑思维和技巧、店铺流量运营策略、关键词运营策略、移动电商发展趋势几方面来详细阐述新零售快速发展和成熟状态下手机淘宝的运营思路，既有方法论的提炼，又有具体的实操技巧，对于当下手机淘宝运营有一定的借鉴意义。

本书适合传统企业、互联网企业从业人员、电商运营人员参考阅读。

图书在版编目（CIP）数据

新零售实战系列：手机淘宝运营策略、技巧与案例/老夏著. —北京：电子工业出版社，2018.3

ISBN 978-7-121-33659-1

Ⅰ. ①新… Ⅱ. ①老… Ⅲ. ①移动通信－电子商务－网络营销－中国 Ⅳ. ①F713.365.2

中国版本图书馆CIP数据核字（2018）第026285号

策划编辑：张彦红
责任编辑：牛　勇
特约编辑：赵树刚
印　　刷：中国电影出版社印刷厂
装　　订：中国电影出版社印刷厂
出版发行：电子工业出版社
　　　　　北京市海淀区万寿路173信箱　　邮编：100036
开　　本：720×1000　1/16　　印张：10.75　　字数：206.4千字
版　　次：2018年3月第1版
印　　次：2018年3月第1次印刷
定　　价：55.00元

凡所购买电子工业出版社图书有缺损问题，请向购买书店调换。若书店售缺，请与本社发行部联系，联系及邮购电话：（010）88254888，88258888。

质量投诉请发邮件至 zlts@phei.com.cn，盗版侵权举报请发邮件至 dbqq@phei.com.cn。

本书咨询联系方式：010-51260888-819，faq@phei.com.cn。

引　言

故事要开始了

不忘初心，

方得始终！

摘自《华严经》，佛家意境入了世，也是另一番曼妙。

初心给了我们一种积极进取的状态。苹果公司创始人乔布斯说，创造的秘密就在于初学者的心态。初心正如一个新生儿面对这个世界一样，充满好奇、求知欲和赞叹。正因为如此，乔布斯始终把自己当作初学者，时刻保持一种探索的热情，“现在的我仍然在新兵营训练”。

在这个互联网时代，初心常常被我们遗忘，正如纪伯伦所说：“我们已经走得太远，以至于忘记了为什么出发。”因为忘记了初心，我们走得十分茫然，多了许多柴米油盐的奔波，少了许多仰望星空的浪漫；因为忘记了初心，我们已经不知道为什么来，要到哪里去；因为忘记了初心，时光荏苒之后，我们经常会听到人们的忏悔：假如当初我不随意放弃，如果我愿意刻苦，如果我有恒心和毅力，那么一定不会是眼前的样子。

做淘宝的初心是什么？改变自己，创造个人价值。

从第一本书《电商数据化运营》的电商运营数据管理，步入第二本书《淘宝天猫电商运营与数据化选品完全手册》的电商运营战术，再到现在的第三本书《新零售实战系列：手机淘宝运营策略、技巧与案例》，这中间蕴含了笔者在淘宝店铺 9 年的工作经验，衷心希望本书对大家有所启发和帮助。

从最初 PC 淘宝到现在移动淘宝的转变，淘宝规则经历了万千的变化与调整，用户的量变产生了市场蛋糕的质变，借助移动互联网的快速发展，移动购物和移动营销将成为未来发展的新趋势。

初心：为什么会写这本书

（1）2016 年 1 月，国内移动电商用户规模为 4.12 亿人，相比 2015 年的 3.27 亿人增长了 25%。2015 年 11 月，受淘宝“双十一”促销活动的拉动，中国移动电商用户规模一度突破 5 亿人，达到了 5.05 亿人。从阿里淘宝和天猫来看，70% ~ 80% 的访客来自移动端，60% ~ 70% 的交易来自移动端。过去的 PC 端时代及其所带来的各种电商模式已经开始发生快速转移，进入了移动电商的时代。

移动电商无疑是新一轮的淘宝红利期，在 PC 端竞争已经头破血流的时候，移动端的战争才刚刚开始。随着移动互联网时代的来临，以及 Wi-Fi 的普及，我们的生活已经离不开手机了。你们是否有发现自己店铺的流量重点从 PC 端转到了移动端，移动端的流量从最初的 20% 以内增长到现在的 80% 以上，甚至主攻移动端的店铺流量比例可达 90% 以上？可以说，手机淘宝是淘宝的延续体，也是未来商家的主战场。

（2）很多天猫商家都在抱怨，淘宝跟过去几年相比运营难度加大了，搜索流量少了，但付费推广费用却越来越高，从而使利润越来越少，大家的店铺现在都在亏钱。事实也是如此。尽管大家都觉得淘宝难做，但根据市场数据分析，淘宝目前占据了中国电商市场份额的 80%，这说明市场上大部分消费者都在淘宝购物，既然别人做淘宝能赚到钱，那为什么我们不能呢？淘宝难做的原因主要是商家之间的竞争太大，店铺及运营和推广成本比过去高了很多，淘宝规则的经常变化导致流量太分散，从而使很多商家都找不到方向、摸不到头绪。

（3）移动电商给淘宝市场带来了翻天覆地的变化：第一，淘宝流量碎片化，绝大部分流量来源于手机客户端口，可以通过不同的方式进入淘宝页面，不同于过往从淘宝 PC 端首页搜索，通过各级页面点击进入的方式。第二，购物人群细分和购物习惯发生变化。新生代 90 后群体正在逐步踏入社会，他们是与互联网共同成长的一代，对新生事物的接受能力很强，他们对整个购物市场的环境起到了很大的影响作用，同时具备一定的消费能力。在追求自我的同时，他们也会影响上一辈人或者上上一辈人的购物习惯和购物模式。

正在成为社会中流砥柱的 80 后与肩负发展重任的 90 后共同生长在互联网新生时代，他们对于社会的发展节奏有着重要的影响作用。互联网是社交和娱乐的主要平台，可以与朋友、同事、家人等共同分享各类信息，并与他人一起交流、分享心得体会。

现如今，人们不仅可以通过互联网来购物，而且还出现了很多可以出售自己的闲置物品的平台，给现在的社会带来了巨大的变化。人们不需要出门，只需通过操作手机就可以自如地实现买卖产品的功能，这对几十年前来说根本就是无从谈起的天方夜谭！

随着互联网的发展与冲击，各个行业的传统企业都或多或少地遇到了难题，生存可谓是步履维艰！销售渠道的单一导致产品越来越难卖；房租、人力等成本在飞速上涨；营销方式上不得其法，以至于浪费了诸多的人力、物力和财力……所以，在移动互联网时代，传统企业抓住时代发展的命脉，助力企业向互联网、移动电商或者 O2O 转型可谓是大势所趋，当然也愈发迫在眉睫！

目录

第1章

淘宝的趋势变化

1.1 创业维艰

或许真的是到了电商创业的寒冬，一篇名为《一个天猫女创业者血亏 500 万元》的文章几乎引爆了整个电商圈。后经核实，惊人的标题背后确有亏损的事实，下面我们先来回顾一下事情的经过。

（1）2013 年，作为服装设计师的天猫商家决定创业，其在天猫电商平台自创品牌“XX 男装”。店铺年销量为 100 万件，店铺收藏量为 3.8 万，客单价为 300 ～ 500 元，主打高品质、高性价比的定制男装。

（2）作为一名服装设计师，她熟悉产品的生产流程，懂设计，能找到行业资源。她拿着 100 万元的起始资金，在一个月内招齐设计师、打版师、样衣工、运营人员、美工、客服、质检员、发件员等人员，紧锣密鼓地筹备起来。

（3）天猫商家曾为自己算了一笔账：“我直接运用 O2C 模式，没有中间差价，扣除衣服成本、包装、顺丰包邮，再除去天猫扣点、员工工资，每个订单保持 30 元的利润即可。如果每天有 50 个订单，每天就可以赚到 1500 元。如果每天有 100 个订单，则每天可以赚到 3000 元。”

（4）理想很美好，但现实却很残酷，××男装在天猫根本卖不动，因为这样的价格定位在天猫毫无优势可言，品牌在天猫也毫无影响力。天猫商家预计创业初期用完 100 万元以后就可以实现盈利，但事实是投入 500 万元都亏得干干净净，其中有 300 万元是融资得来的。

（5）创业初期，每月需支付人员工资 12 万元，公司和仓库每月租金（包含水电费）3 万元，淘宝推广费每月 6 ～ 10 万元，产品成本每月 12 万元（这也包括库存滞销率）。如此计算下来，固定开支每月要支出 33 ～ 35 万元，而每月的销售额为 8 ～ 10 万元，所以每月要亏损 25 万元左右。

曾梦想着要带领团队发家致富，曾希望可以让父母过上幸福的好日子，曾希望打造一个设计师品牌的天猫商家，如今却背负着百万元债务，处于破产的边缘。

有时候大家看到的都是电商平台成功的案例，耳畔听闻的都是破 1207 亿元的“双十一”，淘宝就犹如当初美国加利福尼亚的金矿，只要赶过去，就能捞一笔。但这位女创业者的失败遭遇不禁让我们深思，互联网的生意还那么好做吗?

我从 2008 年开始加入淘宝做电商，至今已有 9 年了。在这 9 年里，我认识了很多做电商的老板，同时我也一直在为很多企业做电商内训私诊服务。在所有的电商交流过程中，我将其总结为 3 件事：

（1）如何提高销售额。

（2）如何提高团队效率。

（3）如何保证店铺盈利。

当然，任何一个组织的问题如果能通过简单的文字描述来解决，那么这个世界上最赚钱的工作应该是作家，而不是创业者。

回到问题原点，如果我们要开一家淘宝店，那么其实也就是在创业。

1.2 为什么创业

人们为什么要走上创业这条不归路呢?

从内心深处来讲，最直接的原因是找不到“好”工作，挣不到“大”钱。

绝大多数创业者抱着一个发财的美梦开始创业，而创业一段时间以后才意识到那是一种生活方式，能给自己带来成就感。

我身边就有这样的例子。我有一个上海的朋友，是一个女孩，很漂亮，家境非常好，生活很安逸。她开着一辆宝马车，出来创业做淘宝，每天早起晚归，有时候还要自己打包发货，晚上也在做客服。很多人感觉挺辛苦的，但这些对于做淘宝的朋友来说是生活常态。

回到为什么创业的话题上来，多数人最想去听的讲座也许是成功学和心灵鸡汤，但对于创业这件事，最根本的问题还是人们对金钱的渴望。

创业的根本不是搞定客户，而是搞定自己和对手。

当我们真的搞定了自己时，我们对于产品和市场的判断也会越来越精准，当然结果也会越来越好。我们的目的不是抱怨身在哪个平台，而是从你所在的平台出发，向高处前进。真正的勇士，敢于面对惨淡的人生，敢于面对残酷的现实。前进，是自我赋予的意义。

没有人逼迫你这样做，这只是一种选择。

无论是个人还是一个组织，当你具备所谓的愿景，并为此去奋斗和付出时，你所得到的将远超于你所期待的，这也许就是创业所带来的成就感。

我们唯一要解决的问题是挑战自己，在最困难的时候坚持下去，这对你来说将是宝贵的财富。

1.3 产品调查和产品定位

创业初期，大家不应该把更多的时间和精力用在组建团队、装修店铺、推广优化店铺、开直通车上，这在没有对自己的产品进行市场分析调研的前提下是事倍功半、得不偿失的。这些事情应该是进行产品市场分析后的应对措施。

当你决定在淘宝上开一家店铺或者卖产品的时候，就要开始针对该产品或这个类目进行市场调查，从而确定你的选择是否正确。因为大多数时候，你的选择只是基于你个人的经验或者不全面的信息做出的判断，一旦判断错误，最终可能会导致店铺发生损失。

市场调查是一项艰苦的定位工作，你调查得越详细，你就越了解你想要售卖的产品所属的行业及其市场竞争环境，这些数据都将有助于你淘宝店铺以后的经营收益及对未来产业的把控。

（1）对你所售商品行业的调查，如这个行业市场容量有多大、市场容量的趋势发展如何，以及整个类目今年和去年的类目增速比。

（2）对所经营自有品牌的调查，如品牌的知名度影响、品牌的背书应该如何做、品牌的策划方案、后续售后服务质量等。

（3）对同行对手的调查，如目前淘宝售卖同类商品的天猫卖家有多少家，特别是那些卖得好的店铺的优势和劣势分别是什么、畅销的产品有哪些、产品价位如何、经常采用哪种促销手段，作为新开的店铺是否可以用同样的策略手段，等等。

（4）对生产供货商的调查，如可供你选择的供货商有多少、产品的质量是否有保证，万一产品卖爆，后续生产能力能否跟上，商品的结款时间调控、供货是否及时等。

（5）对购物消费者的调查，如消费者的购买力如何，消费者的性别、年龄、地域及消费频次、购物习惯，我们的商品能否吸引他们，他们对此有什么评价反馈，接受程度如何等。

我有幸受邀为阿里巴巴【宠物 / 宠物食品及用品】和【餐饮具】2 个类目的 TOP 商家做分享交流，当时对【宠物 / 宠物食品及用品】做了分析，如图 1-1 所示。

行标签	求和项：成交量
水族世界	33602541
猫/狗美容清洁用品	27207355
猫/狗日用品	25506842
犬主粮	18942475
宠物服饰及配件	14677037
仓鼠类及其他小宠	14469257
狗零食	14193162
猫/狗玩具	12703227
动物药品及药剂	10031030
猫主粮	8635846
猫零食	7114472
兔类及其用品	6110425
鸟类及用品	5417107
猫/狗保健品	5358333
爬虫/鸣虫及其用品	3220739
猫/狗医疗用品（新）	590338
畜牧用品（新）	293580
散装粮	283434
其他宠物	238686
宠物附属品（新）	137218
宠物生活服务	64110
狗狗	28459
马类及其用品	9290
宠物智能设备	5401
猫咪	528
总计	208840892

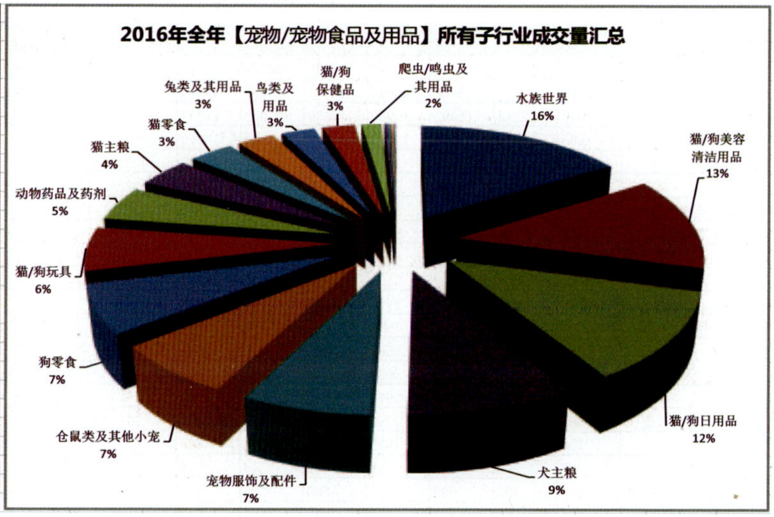

图 1-1

通过图 1-1，我们可以得出以下数据：

① 2016 年【宠物 / 宠物食品及用品】全类目在淘宝上的全年成交量是 208 840 892 件，相当于每天出货 57 万多件，市场容量巨大。

② 其中水族世界占比为 16%，猫 / 狗美容清洁用品占比为 13%，猫 / 狗日用品占比为 12%，犬主粮占比为 9%，宠物服饰及配件占比为 7%，仓鼠类及其他小宠占比为 7%，狗零食占比为 7%，猫 / 狗玩具占比为 6%，动物药品及药剂占比为 5%。只要在全类目中占比大于 5% 的二级类目，都是可以考虑做的，说明这个市场非常好。

看完这个数据，是否代表我们要马上投入呢？答案是否定的。对子行业的市场容量基数进行分析后，我们还要进行下一步精细化的数据整理，从而推断哪些子行业的市场可以切入。

接下来，我们要进行下一步操作，来判断是否可以投入这个市场。

如图 1–2 所示，我们对【宠物 / 宠物食品及用品】所有的二级类目进行 2016 年每个月的容量趋势分析，来看看自己所在的二级类目的季节波动趋势。我们把这个表格进行重新整理，用折线趋势图来表示，如图 1–3 所示。

类目	1月	2月	3月	4月	5月	6月	7月	8月	9月	10月	11月	12月	总计
水族世界	28333	21424	38200	32040	39401	38474	36671	36254	39834	40255	38049	36921	425856
猫/狗日用品	16760	13321	18120	18830	19281	19638	19964	19633	20617	21406	21298	20369	229237
猫/狗美容清洁用品	14907	12333	16495	16953	17439	17995	18930	18396	18352	18140	18559	17805	206304
仓鼠类及其他小宠	11585	10287	13567	14281	14676	14424	13629	12698	13406	14021	14047	13365	159986
狗零食	14328	7916	13791	4860	13820	13874	14140	14208	14031	13703	14336	13973	152980
犬主粮	13110	7379	12518	7720	13066	12982	13142	13423	13888	13690	13767	13361	148046
宠物服饰及配件	12992	8312	10318	9518	8287	7953	7155	7606	10537	13667	16284	14362	126991
动物药品及药剂	9144	7349	10781	7207	11797	11889	11373	10686	10628	10475	10158	9515	121002
猫/狗玩具	8514	6790	9369	8873	9761	10097	10562	10544	10603	10703	10723	10837	117376
鸟类及用品	6911	5296	8742	9162	9483	9652	8811	8688	9457	9911	10097	10087	106297
猫零食	6791	5064	6568	2990	7040	7284	7852	8074	8172	8139	8310	8177	84461
兔类及其用品	6505	5254	7225	7640	7653	7490	6706	6144	6499	6707	7077	7217	82117
猫主粮	6304	4568	5827	4583	6265	6275	6553	6701	7022	7117	7397	7115	75727
爬虫/鸣虫及其用品	3391	2689	5144	5630	5771	5426	5092	5262	5933	5958	5609	4647	60552
猫/狗保健品	4001	3220	4357	3972	4542	4650	4698	4763	4860	4785	5136	5065	54049
猫/狗医疗用品（新）	697	494	858	796	959	973	1033	975	1006	981	962	953	10687
散装粮	733	419	573	436	585	570	564	535	529	523	514	464	6445
畜牧用品（新）	390	300	509	518	552	514	526	515	538	571	618	592	6143
其他宠物	281	292	526	551	563	535	472	467	592	618	523	488	5908
宠物附属品（新）	202	169	320	377	342	263	253	263	224	239	251	199	3102
狗狗	149	106	200	200	200	394	538	179	95	133	20	17	2231
宠物生活服务	223	149	150	148	161	163	174	167	201	181	183	225	2125
马类及其用品	33	37	47	13	10	3	8	4	5	8	8	5	181
宠物智能设备	15	9	16	21	15	18	12	17	15	11	9	11	169
猫咪	24	4	27	5	23	48	16	3	3	4	1	1	159
总计	166323	123181	184248	157324	191692	191584	188874	186205	197047	201946	203936	195771	2188131

图 1-2

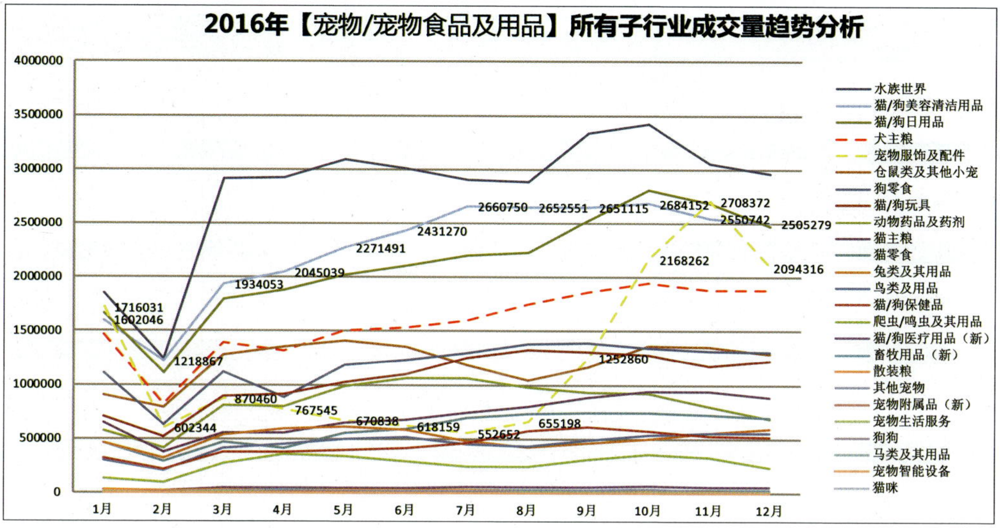

图 1-3

通过图 1-3 的数据，我们总结二级类目的波动趋势如下：

①【水族世界】【仓鼠类及其他小宠】【狗零食】【猫 / 狗玩具】类目全年的月度波动趋势很平稳，除过年那段时间销量惨淡外，其他时间点不存在淡旺季。

②【猫 / 狗美容清洁用品】【猫 / 狗日用品】【犬主粮】类目全年波动趋势小幅上升，市场前景看好。

③【宠物服饰及配件】类目 2016 年 1–8 月市场的销量很低，8 月底开始爆发，持续到 12 月。该类目季节性太强，前期的爆发操作起来非常困难，经营该类目的朋友如果在 6 月中旬左右有能带动流量的引流款，那么对后期的爆发或新产品的打造能起到很好的辅助作用。

第三步操作是对当前的二级类目进行品类生命周期及竞争热度分析，我们直接来看图 1–4。

品类生命周期及竞争热度分析													
品类	指标	1月	2月	3月	4月	5月	6月	7月	8月	9月	10月	11月	12月
犬主粮	成交量	1465694	822269	1394960	1315081	1505881	1531002	1602219	1744154	1859898	1941978	1881883	1877456
	环比增长		-43.90%	69.65%	-5.73%	14.51%	1.67%	4.65%	8.86%	6.64%	4.41%	-3.09%	-0.24%
	活跃商品数	13110	7379	12518	7720	13066	12982	13142	13423	13888	13690	13767	13361
	竞争比值	111.80	111.43	111.44	170.35	115.25	117.93	121.92	129.94	133.92	141.85	136.70	140.52
品类	指标	1月	2月	3月	4月	5月	6月	7月	8月	9月	10月	11月	12月
猫主粮	成交量	645291	374026	555272	557811	644571	673630	738371	796013	886124	938450	944372	881915
	环比增长		-42.04%	48.46%	0.46%	15.55%	4.51%	9.61%	7.81%	11.32%	5.91%	0.63%	-6.61%
	活跃商品数	6304	4568	5827	4583	6265	6275	6553	6701	7022	7117	7397	7115
	竞争比值	102.36	81.88	95.29	121.71	102.88	107.35	112.68	118.79	126.19	131.86	127.67	123.95
品类	指标	1月	2月	3月	4月	5月	6月	7月	8月	9月	10月	11月	12月
宠物服饰及配件	成交量	1716031	602344	870460	767545	670838	618159	552652	655198	1252860	2168262	2708372	2094316
	环比增长		-64.90%	44.51%	-11.82%	-12.60%	-7.85%	-10.60%	18.56%	91.22%	73.06%	24.91%	-22.67%
	活跃商品数	12992	8312	10318	9518	8287	7953	7155	7606	10537	13667	16284	14362
	竞争比值	132.08	72.47	84.36	80.64	80.95	77.73	77.24	86.14	118.90	158.65	166.32	145.82
品类	指标	1月	2月	3月	4月	5月	6月	7月	8月	9月	10月	11月	12月
动物药品及药剂	成交量	578143	415781	806566	800560	991085	1061475	1059905	976456	929148	923851	801496	686564
	环比增长		-28.08%	93.99%	-0.74%	23.80%	7.10%	-0.15%	-7.87%	-4.84%	-0.57%	-13.24%	-14.34%
	活跃商品数	9144	7349	10781	7207	11797	11889	11373	10686	10628	10475	10158	9515
	竞争比值	63.23	56.58	74.81	111.08	84.01	89.28	93.19	91.38	87.42	88.20	78.90	72.16
品类	指标	1月	2月	3月	4月	5月	6月	7月	8月	9月	10月	11月	12月
猫/狗医疗用品（新）	成交量	32886	20780	45686	47748	50674	51598	56324	55924	58551	62503	55420	52244
	环比增长		-36.81%	119.86%	4.51%	6.13%	1.82%	9.16%	-0.71%	4.70%	6.75%	-11.33%	-5.73%
	活跃商品数	697	494	858	796	959	973	1033	975	1006	981	962	953
	竞争比值	47.18	42.06	53.25	59.98	52.84	53.03	54.52	57.36	58.20	63.71	57.61	54.82

图 1-4

因为类目太多，所以这里我们选择其中 5 个二级类目来进行数据分析，并从中选取 3 个二级类目进行分解。

（1）【犬主粮】类目最高的环比增长是在 3 月份，为 69.65%。2 月份处于春节期间，所以得到的环比增长数值可以忽略不计。相对来说，5 月份环比增长为 14.51%，8 月份环比增长为 8.86%，9 月份环比增长为 6.64%，这 3 个月的环比增长是值得我们注意的，这说明这个时间点是淘宝行业二级类目【犬主粮】的流量扶持点，这时候去跟进效果会更好。另外，我们发现每个月活跃商品的竞争比值相差不大，这说明这个类目的爆款产品的销量还是很稳定的。

（2）【猫主粮】类目最高的环比增长是在 3 月份，为 48.46%。2 月份处于春节期间，所以得到的环比增长数值可以忽略不计。相对来说，5 月份环比增长为 15.55%，7 月份环比增长为 9.61%，9 月份环比增长为 11.32%，这 3 个月的环比增长需要我们去跟进。另外，每个月活跃商品的竞争比值也相差不大。

（3）【宠物服饰及配件】类目最高的环比增长是在 3 月份，为 44.51%。2 月份处于春节期间，所以得到的环比增长数值可以忽略不计。相对来说，8 月份环比增长为 18.56%，9 月份环比增长为 91.22%，10 月份环比增长为 73.06%，这 3 个月的环比增长非常值得我们去研究。其实这个二级类目只有 4 个月的销售期，我们应该在 8 月份之前就做好定位，比如 7 月 10 日左右，把店铺的产品做好前期的引流和布局，在 8 月份的时候就开始大力直通车推广，把这个类目的主推关键词尽量做到排名靠前。

9–12 月活跃商品的竞争比值也比 1–8 月的竞争比值大了一倍左右，这说明 9–12 月的市场销售额是猛涨的，高销量的宝贝利润可观。

最后，我们来对【宠物 / 宠物食品及用品】所有子类目增速及占比进行分析，以 2015 年和 2016 年两年的数据来做分析，如图 1–5 所示。

子类目增速及占比分析							
2015年				2016年			
总成交量	134519381	总增长率	0	总成交量	208840892	总增长率	55.25%
子类目	成交量	占比	增长率	子类目	成交量	占比	增长率
水族世界	23265705	17.30%	0	水族世界	33602541	16.09%	44.43%
猫/狗美容清洁用品	16247055	12.08%	0	猫/狗美容清洁用品	27207355	13.03%	67.46%
猫/狗日用品	16230289	12.07%	0	猫/狗日用品	25506842	12.21%	57.16%
犬主粮	12169295	9.05%	0	犬主粮	18942475	9.07%	55.66%
宠物服饰及配件	10551647	7.84%	0	宠物服饰及配件	14677037	7.03%	39.10%
仓鼠类及其他小宠	9543248	7.09%	0	仓鼠类及其他小宠	14469257	6.93%	51.62%
狗零食	9957786	7.40%	0	狗零食	14193162	6.80%	42.53%
猫/狗玩具	6947345	5.16%	0	猫/狗玩具	12703227	6.08%	82.85%
动物药品及药剂	5651586	4.20%	0	动物药品及药剂	10031030	4.80%	77.49%
猫主粮	4954741	3.68%	0	猫主粮	8635846	4.14%	74.29%
猫零食	4017780	2.99%	0	猫零食	7114472	3.41%	77.07%
兔类及其用品	4216561	3.13%	0	兔类及其用品	6110425	2.93%	44.91%
鸟类及用品	3061263	2.28%	0	鸟类及用品	5417107	2.59%	76.96%
猫/狗保健品	2920664	2.17%	0	猫/狗保健品	5358333	2.57%	83.46%
爬虫/鸣虫及其用品	2071983	1.54%	0	爬虫/鸣虫及其用品	3220739	1.54%	55.44%
猫/狗医疗用品（新）	1501550	1.12%	0	猫/狗医疗用品（新）	590338	0.28%	-60.68%
畜牧用品（新）	434630	0.32%	0	畜牧用品（新）	293580	0.14%	-32.45%
散装粮	395801	0.29%	0	散装粮	283434	0.14%	-28.39%
其他宠物	167304	0.12%	0	其他宠物	238686	0.11%	42.67%
宠物附属品（新）	115934	0.09%	0	宠物附属品（新）	137218	0.07%	18.36%
宠物生活服务	24267	0.02%	0	宠物生活服务	64110	0.03%	164.19%
狗狗	61417	0.05%	0	狗狗	28459	0.01%	-53.66%
马类及其用品	9170	0.01%	0	马类及其用品	9290	0.00%	1.31%
宠物智能设备	1555	0.00%	0	宠物智能设备	5401	0.00%	247.33%
猫咪	805	0.00%	0	猫咪	528	0.00%	-34.41%

图 1-5

从图 1–5 可知：

（1）从 2015 年到 2016 年的总增长率为 55% 来看，这个类目的增长速度良好，从而可以推演 2017 年这个类目还是一片蓝海，建议经营该类目的朋友在 2017 年可以考虑加大投入。

（2）对市场容量占比为 5% 的二级类目（图 1–5 中的黄色部分）来说，增长率都在 40% 以上，这说明这些类目前景很好，无论是新店还是老店，只要你花些心思，店铺基本不会亏钱。当然，如果类目增长率低于 20%，那么我们就需要慎重考虑是否要投入这个市场。

附上 2016 年【居家布艺】子类目增速及占比分析，大家来分析一下目前哪些类目值得大力推广和投入，如图 1–6 所示。

子类目增速及占比分析							
2015年				2016年			
总成交量	309014958	总增长率	0%	总成交量	309014958	总增长率	0%
子类目	成交量	占比	增长率	子类目	成交量	占比	增长率
缝纫DIY材料、工具及成品	35759231	11.57%	0%	缝纫DIY材料、工具及成品	50151077	16.23%	40.25%
家居拖鞋/凉拖/棉拖/居家鞋	34492166	11.16%	0%	家居拖鞋/凉拖/棉拖/居家鞋	47666406	15.43%	38.19%
坐垫/椅垫/沙发垫	30706092	9.94%	0%	坐垫/椅垫/沙发垫	37828700	12.24%	23.20%
地垫	19224964	6.22%	0%	地垫	27855954	9.01%	44.89%
靠垫/抱枕	14006055	4.53%	0%	靠垫/抱枕	23145029	7.49%	65.25%
窗帘门帘及配件	15899592	5.15%	0%	窗帘门帘及配件	22094379	7.15%	38.96%
餐桌布艺	13629539	4.41%	0%	餐桌布艺	21291216	6.89%	56.21%
毛巾/浴巾/浴袍	14777202	4.78%	0%	毛巾/浴巾/浴袍	20832727	6.74%	40.98%
十字绣及工具配件	19120813	6.19%	0%	十字绣及工具配件	17773552	5.75%	-7.05%
防尘保护罩	14047907	4.55%	0%	防尘保护罩	17054981	5.52%	21.41%
布料/面料/手工DIY布料面料	8664935	2.80%	0%	布料/面料/手工DIY布料面料	12049420	3.90%	39.06%
地毯	9093713	2.94%	0%	地毯	10873474	3.52%	19.57%
刺绣套件	323894	0.10%	0%	刺绣套件	380562	0.12%	17.50%
挂毯/壁毯	5600	0.00%	0%	挂毯/壁毯	17481	0.01%	212.16%

图 1-6

1.4 资金

印象中，鉴于我在淘宝电商经常给人做内训指导及私诊服务，让很多企业有了实质性的提高。

我的很多朋友觉得我可以帮他们改变现状，或者说只要开淘宝店铺就可以赚钱。于是，每次和我交流沟通时都会说：我有 ×× 货源，你帮我在淘宝上把店铺开起来，你负责推广销售，然后利润五五分成，等等。

每次我都很诚实地告诉他们：现在淘宝不像以前那么好做，不再是想象中的个人淘宝时代，通过简简单单的技巧性工作就可以马上把淘宝做起来。而现在，货—钱—人—圈子四种资源要互相匹配，无论哪一个环节脱节，都会严重影响店铺的发展。

当然，淘宝虽然难做，但还是可以做的，只是需要你花心思去体验，而不是抱着想当然的态度去做。我的第一个建议是去观摩身边开淘宝店的朋友或同事，从而增加你对淘宝最直观的感受体验。

第二个建议是自己先开一家淘宝集市店，把你的货源发布上去，了解淘宝的开店流程、设计流程、推广流程、客服流程、发货流程等工作步骤，从而对淘宝所有的工作细节有一个大致的了解。前 3 个月，你会发现淘宝不是你想象的那样，当你通过店铺成交 1 个订单后，你会非常有成就感。如果这种成就感能保持 3 个月以上，那么恭喜你，开网店对于你来说是另外一条生财之道。

网上一直在传言：10 家淘宝店铺，1 家赚钱或持平，9 家亏钱，亏钱的商家更多的是亏在库存上（压货），这是 2015 年的现状。现在是 100 家淘宝店铺，87 家亏钱，10 家持平，3 家赚钱。没有做过淘宝店铺的朋友不知道做淘宝店铺有多苦，每次和身边要好的朋友喝茶聊天时，我都不建议他们做淘宝。在这个寸土必争的淘宝竞争年代，没有一定的实力或者一定的物质基础，淘宝会让你知道梦想和现实之间的差距。

这就需要我们学到一个知识点——风险预控。

财务数据分析要用到三个报表，即支出表、收入表和利润表。

在淘宝上开店，我们需要做一份具有可行性的财务报表。也就是说，我们要清楚地知道前期需要投入多少资金（支出），从什么时候开始有销售额（收入），如何推广才能保证收益（利润）。

图 1-7 所示为在淘宝上开一家天猫店铺的支出成本预估核算，包括平台成本合计和运营成本合计。其中，运营成本包括硬运营成本和软运营成本。

	天猫平台固定成本	9月				10月				11月				12月				合计
		第1期	第2期	第3期	第4期	第1期	第2期	第3期	第4期	第1期	第2期	第3期	第4期	第1期	第2期	第3期	第4期	
	技术服务年费																-60000	0
	保证金																	100000
	实时划扣技术服务费	0	0	0	0	0	0	0	0	0	0	0	0	0	0	0	0	0
平台成本合计		0	0	0	0	0	0	0	0	0	0	0	0	0	0	0	-60000	100000
	硬运营成本																	
	办公电脑																	33000
	办公家具																	3300
	网络设备、打印机																	4500
	办公室租金	10000				10000				10000				10000				120000
	办公水电	100	100	100	100	100	100	100	100	100	100	100	100	100	100	100	100	4800
	软件服务																	15000
	办公耗材	100	100	100	100	100	100	100	100	100	100	100	100	100	100	100	100	4800
	培训费																	
	拍摄费用																	3000
	包装用品+其他																	10000
	小计：	10200	200	200	200	10200	200	200	200	10200	200	200	200	10200	200	200	200	
	软运营成本																	0
	直通车	1000	1000	1000	1000	1000	1000	1000	1000	1000	1000	1000	1000	1000	1000	1000	1000	49000
	钻展																	0
	站外付费																	0
	小计：	1000	1000	1000	1000	1000	1000	1000	1000	1000	1000	1000	1000	1000	1000	1000	1000	
运营成本合计		11200	1200	1200	1200	11200	1200	1200	1200	11200	1200	1200	1200	11200	1200	1200	1200	247400

图 1-7

（1）商家在天猫商城经营店铺必须缴纳保证金。保证金主要用于保证商家按照天猫的规则进行经营，并且在商家有违规行为时根据《天猫服务协议》及相关规则规定用于向天猫及消费者支付违约金。续约商家须在当年续签要求的时间内一次性缴纳次年度的保证金；新签约商家在申请入驻获得批准时一次性缴纳当年度的保证金。根据店铺性质不同，所需缴纳的保证金金额如下。

① 品牌旗舰店、专卖店：带有 TM 商标的需缴纳保证金 10 万元，全部为 R 商标的需缴纳保证金 5 万元。

② 专营店：带有 TM 商标的需缴纳保证金 15 万元，全部为 R 商标的需缴纳保证金 10 万元。

（2）商家在天猫商城经营店铺必须缴纳技术服务年费。技术服务年费金额以一级类目为参照，分为 3 万元和 6 万元两挡。为鼓励商家提高服务质量和扩大经营规模，天猫针对技术服务年费有条件地向商家返还。返还比例参照店铺评分（DSR）和年销售额（不包含运费）两项指标，为 50% 和 100% 两挡。

我们可以发现，平台成本包括天猫商城技术服务年费、保证金和实时划扣技术服务费。每年只要大家合理运作天猫店铺，技术服务费基本都是返还的，所以基础支出为 0。而保证金是 10 万元，这是固定的，除非你不开店了，否则保证金一直是 10 万元。天猫商城最重要的支出就是实时划扣技术服务费，也就是交易佣金，交易成功后按交易成功金额实时扣除不返还。淘宝上的每个产品都有类目，各个类目的佣金百分比不同，一般是 1~3 个点，这其实就是淘宝和商家之间的交易税金，也是淘宝创收的收入来源。

硬运营成本包括办公电脑、办公家具、网络设备、打印机、办公室租金、办公水电、软件服务、办公耗材、培训费、拍摄费用、包装用品等支出，一年在 20 万元左右。

软运营成本包括直通车、钻展、站外付费等支出。假设每天直通车推广费用为 1000 元，则一年的推广费用是 36.5 万元。但事实上，每天投入 1000 元的推广费用根本起不到任何推广作用，因为现在的淘宝流量越来越精贵。我们暂且将一年的推广费用定在 50 万元以上，当然，如果这些费用对店铺的销售额有所帮助，那么是有很多店铺老板愿意花这个钱的。

其实天猫店铺的推广费用要基于销售额的产出来计算才算稳妥。

我的意见如下：

① 1-3 月是店铺的准备期，推广费用应占整个销售额的 20% 左右，要合理利用直通车和淘宝客，不要去烧大词、黄金长尾词或者淘宝下拉框词，要针对 3 ~ 5 个关键词来做排名分析和跟踪。

② 4-6 月是店铺的突破期，推广费用应占整个销售额的 35% 以上。其实这个时期要做的就是拉动访客流量，增加店铺日均访客的高值，保证和稳定流量的波动性，也就是达到行业日均流量值。

③ 7-9 月是店铺的发展期，这时产品、团队、运营都已经磨合得差不多了，所以这个时期的推广费用应占整个销售额的 15% 以上，要保证店铺盈利，不能亏钱。

④ 10-12 月是店铺的稳定期，这时店铺的运营已经非常成熟，团队健康，所以推广费用应占整个销售额的 6% ~ 8%。

我们继续下一步的分析，如图 1-8 所示。

这些年，电商企业的综合成本一直在上升，尤其是人力成本。员工的待遇只升不降，薪资年年上涨。而人力成本上升，就会造成利润下降。

			9月				10月				11月				12月				合计
			第1期	第2期	第3期	第4期	第1期	第2期	第3期	第4期	第1期	第2期	第3期	第4期	第1期	第2期	第3期	第4期	
	人员成本																		
	店长	数量	1	1	1	1	1	1	1	1	1	1	1	1	1	1	1	1	48
		工资				10000				10000				10000				10000	120000
		小计				10000				10000				10000				10000	120000
	运营+推广	数量	2	2	2	2	2	2	2	2	2	2	2	2	2	2	2	2	96
		工资				6000				6000				6000				6000	72000
		小计				12000				12000				12000				12000	144000
	设计师+美工	数量	2	2	2	2	2	2	2	2	2	2	2	2	2	2	2	2	96
		工资				6000				6000				6000				6000	72000
		小计				12000				12000				12000				12000	144000
	文案	数量	1	1	1	1	1	1	1	1	1	1	1	1	1	1	1	1	48
		工资				4000				4000				4000				4000	48000
		小计				4000				4000				4000				4000	48000
	客服+售后	数量	3	3	3	3	3	3	3	3	3	3	3	3	3	3	3	3	144
		工资				2500				2500				2500				2500	30000
		小计				7500				7500				7500				7500	90000
	仓管+打单	数量	2	2	2	2	2	2	2	2	2	2	2	2	2	2	2	2	96
		工资				2200				2200				2200				2200	26400
		小计				4400				4400				4400				4400	52800
	差旅费	小计																	
	公关费用	小计																	
	其他费用	小计																	
人员成本合计			0	0	0	49900	0	0	0	49900	0	0	0	49900	0	0	0	49900	598800

图 1-8

我们可以发现，图 1-8 其实是一个 11 人的团队配置，其中包括淘宝店长。经计算可知，该团队一年的工资开支就要 60 万元左右，其中还不包括奖金、五险及其他费用。哪怕只是一个 6 人的小团队（包括店长），一年的工资开支也需要 30 万元左右。

所以，如果你要开网店，那么在开店之前要有一个衡量的标准。

前期投入：如果是 6 人团队，则需要 20 万元硬成本 +30 万元软成本 +30 万元人力成本 +16 万元开店保证金。在没有货源储备的情况下，需要 96 万元现金。所以，要想开一家天猫店铺，你首先要有 100 万元资金流动储备，不是简简单单地投入 10 万元或者 20 万元就能开天猫店铺的，这就是风险预控。需要提醒大家的是，100 万元的资金有可能在淘宝打水漂，要做好心理准备。

1.5 人才

淘宝发展至今，很多过去有用的运营手法现在突然不管用了，很多过去成功的操盘经验现在突然成为了过去，有许多人都在抱怨淘宝越来越难做，竞争成本越来越高，但认真分析就会发现，最根本的原因是缺少人才。

买家用户的增加减缓，卖家用户的增加加快，打破了原有淘宝市场的平衡。原本属于天猫豆腐块的位置，现在成了直通车广告位。之前淘宝 PC 端一个页面里只有 13 个直通车广告位，现在变成了 20 多个。天猫卖家分层更加严重，不同层级的卖家有不同的流量限制，第四层级以下的卖家依然是中小卖家。处于底层的卖家获取的流量相对有限，但这部分卖家在淘宝上占一大半。

多平台运营已经成为趋势，越来越多的商家不再局限于淘宝天猫，而是把风险分摊，在京东、微商、阿里巴巴、跨境电商等多平台运营店铺。因此，团队化运营会更加明显，个人店铺或夫妻店铺更愿意组建自己的小团队、小公司，更加注重盈利。

所以，现在的电商店铺都在寻找优秀的人才，寻找靠谱的运营人员。

什么样的运营人员靠谱呢？相信大部分老板或者电商从业者都曾受过这方面的指导或培训，下面进行简单描述。

所有的事情都可以通过两个维度进行划分，一个维度表示重要性，另一个维度表示紧急性。于是，所有的事情都可以根据自己的想法分到四个象限中，分别是：① 重要而紧急的事情；② 重要但不紧急的事情；③ 不重要但紧急的事情；④ 不重要也不紧急的事情。

那么作为电商运营人员，最关键的就是：

首先，立即集中注意力处理重要而紧急的事情。

其次，利用其他整块的时间来处理重要但不紧急的规划性事情。

因为重要但不紧急的事情如果不花时间去处理，就会变成重要而紧急的事情，那么我们将因为手头有太多重要而紧急的事情而疲于奔命，成为工作的“救火员”，陷入恶性循环中，如图 1-9 所示。

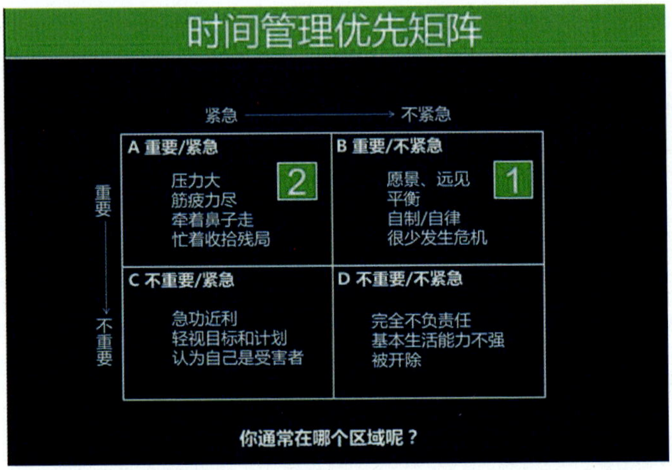

图 1-9

最近，有一份调查显示，过于忙碌的人有一个共同的思维特质：注意力被稀缺资源过分占据，引起认知和判断力的全面下降。

什么意思呢？其实很容易理解，当我们有很多东西需要买的时候，因为手头比较拮据，所以经常把手头的钱拆开，以降低质量为代价去满足尽可能多的需求。最终，因为买到的商品质量不佳而导致得不偿失。同样的道理，当我们需要把注意力分配到很多事情上时，便无法把其中任何一件事情做到最好。因为在做一件事情时，心里却时不时地考虑着另一件事情。于是，到最后所有的事情都做得难以令自己满意，更不用奢望让他人惊艳了。

过于忙碌的人同样因为习惯于碎片化的生活方式和思考方式，经常被各种应酬和多件事情所打断，使得其无法花稍微长一点的时间就生活、工作、家庭、心态、情感等某些重要事情进行深入而长远的规划和思考，于是同样陷入恶性循环，每天变得忙忙碌碌。

所以，电商运营人员首先要学会专注做一件事情。

举个例子，一家新开的天猫店铺，产品品类只有 10 款，那么首先要做的工作就是在这 10 款产品中选取 1 款你认为最有潜力的产品，然后通过 28 天的时间把这款产品引流。

第一周（第 1 ~ 7 天）：做好收藏和加购，积累淘宝搜索人气基础权重。

第二周（第 8 ~ 14 天）：做好产品的直通车主推关键词的整理及优化分析。

第三周（第 15 ~ 21 天）：让老会员再次购买，返利销售，增加黄钻会员买家的复购权重。

第四周（第 22 ~ 28 天）：保持店铺销售层级的上升和此款宝贝引导评分占比及好评率。

运营工作就是有步骤地把一款产品的运营节奏具体到每个细节的工作。

1.6　电商运营人员的日常工作

下面，我们来看一下电商运营人员的日常工作，如图 1-10 所示。

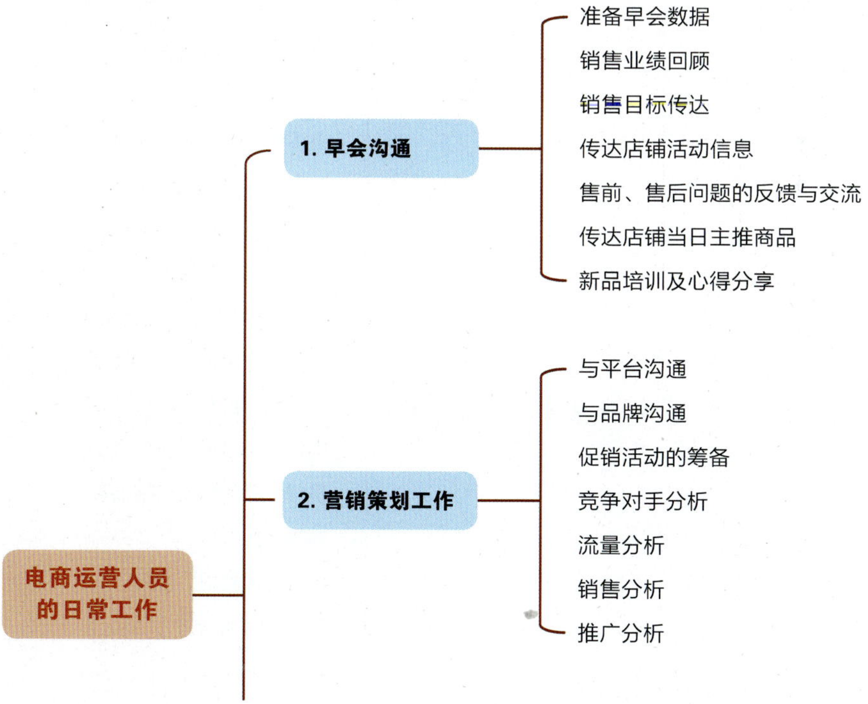

图 1-10

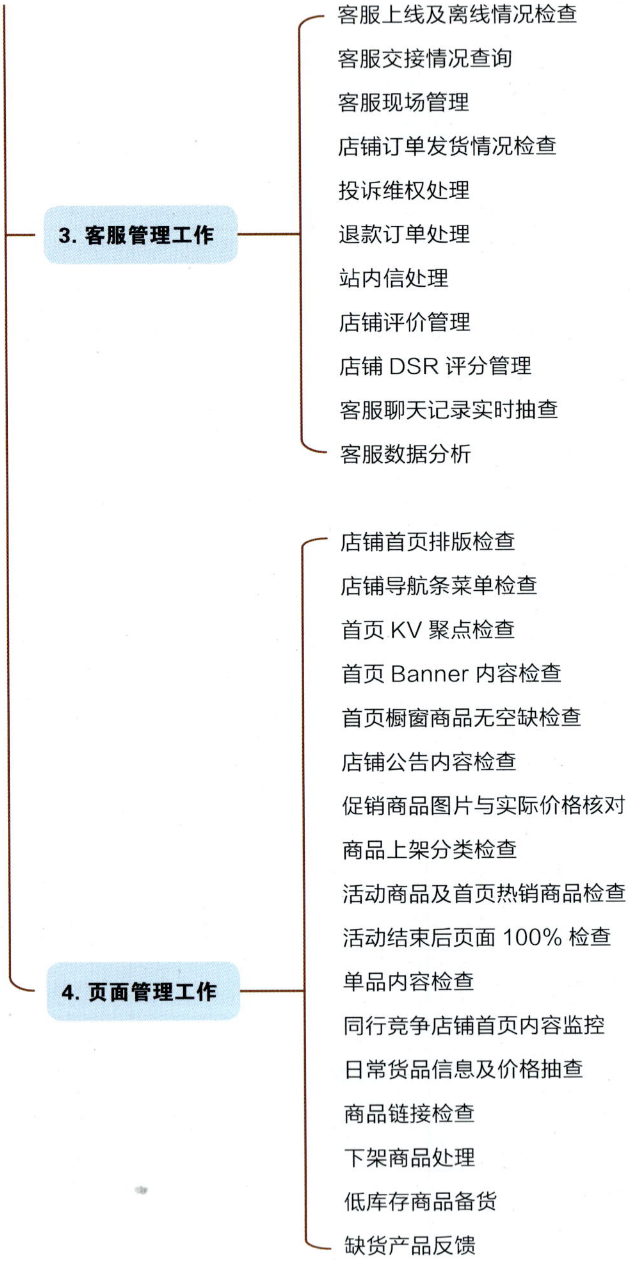
3. 客服管理工作
客服上线及离线情况检查
客服交接情况查询
客服现场管理
店铺订单发货情况检查
投诉维权处理
退款订单处理
站内信处理
店铺评价管理
店铺 DSR 评分管理
客服聊天记录实时抽查
客服数据分析
4. 页面管理工作
店铺首页排版检查
店铺导航条菜单检查
首页 KV 聚点检查
首页 Banner 内容检查
首页橱窗商品无空缺检查
店铺公告内容检查
促销商品图片与实际价格核对
商品上架分类检查
活动商品及首页热销商品检查
活动结束后页面 100% 检查
单品内容检查
同行竞争店铺首页内容监控
日常货品信息及价格抽查
商品链接检查
下架商品处理
低库存商品备货
缺货产品反馈

图 1-10（续）

1. 早会沟通

1）准备早会数据

每天早会开始前，提前准备好昨日的相关数据报表，包括店铺转化率表、关键词排名跟踪表、店铺销售成交报表、主推宝贝数据分析表、客服工作沟通情况分析、活动数据反馈等信息。

2）销售业绩回顾

回顾昨日销售业绩及当月销售业绩完成情况，统计占比汇总。

3）销售目标传达

传达当日销售目标，让客服人员清楚地知道今天的销售目标是多少。

4）传达店铺活动信息

对当前店铺的活动，或即将开展的活动进行沟通，让所有人员都清楚店铺活动内容、优惠力度、赠品计划及客服快捷语设置。

5）售前、售后问题的反馈与交流

针对店铺运营中发现的问题进行信息共享，同时听取其他人员的一些反馈意见和建议，加强团队间的日常沟通。

6）传达店铺当日主推商品

对当天店铺主推的一些商品进行沟通，让客服人员了解当日的主推商品有哪些，做好关联销售衔接，同时也需要让客服人员关注主推商品的销售情况，在次日早会上做出反馈。

7）新品培训及心得分享

店铺新品上架前，利用例会进行简单的指导培训，做好营销计划表，准备好新品上架前的工作流程计划表。

2. 营销策划工作

1）与平台沟通

与平台沟通，对于平台活动要及时报名跟进，多关注后台的营销中心，看看是否有适合店铺的活动，多报名。

2）与品牌沟通

与品牌沟通，确认当前店铺开展活动的产品、活动页面设计与文案、赠品、优惠券等资源信息。

3）促销活动的筹备

活动及促销计划确定后，要做好相关准备工作，包括流量资源、运营活动、人员安排、产品信息沟通及团队人员培训等。

4）竞争对手分析

每天查看竞争对手的店铺，了解对方的最新活动及新品上架动态，针对生意参谋排名前五的热销商品要重点关注，了解竞品的流量来源明细、竞品的引流关键词及成交关键词排名。另外，对于一些比较好的活动首页和详情页设计，也可以参考借鉴，做到知己知彼。

5）流量分析

对店铺昨日的流量来源进行分析，了解客流情况，同时参考同行竞争对手的流量情况，对比自己的店铺有何不足之处。

6）销售分析

对店铺昨日的活动内容进行分析，了解活动情况，是否达到了店铺想要的效果。

7）推广分析

对店铺的营销推广工具进行分析（包括直通车、钻展、淘宝客等），了解店铺活动的投入产出比，跟踪店铺付费推广的效果。

3. 客服管理工作

1）客服上线及离线情况检查

从每天早上 9:00 开始，直到营业结束为止，确保客服旺旺都处于在线状态，避免出现迟到早退现象。

2）客服交接情况查询

检查前一天客服与当日当班客服的服务交接情况（需要书面交接），包括售前与售后的交接，避免服务发生脱节，由于产品质量引起的售后问题要第一时间反馈。

3）客服现场管理

确保当天工作时间段内店铺有客服在线服务客户，用餐及休息时间需合理安排客服，分批次休息、用餐，杜绝发生店铺无客服在线的情况。

4）店铺订单发货情况检查

检查店铺前一天付款订单是否全部发货，对异常订单或者无货订单要及时跟进处理，确保无滞留订单。

5）投诉维权处理

每天及时处理针对店铺的投诉，并跟踪之前未处理完结的售后问题。

6）退款订单处理

每天及时处理店铺的退款需求，杜绝发生自动退款的情况。

7）站内信处理

每天及时关注站内信消息，查看淘宝的最新信息或其他重要信息。

8）店铺评价管理

每天查看针对店铺的评价，对差评内容需及时跟进并进行解释，统一整理好客服评价解释语，以幽默的、优美的、带正能量的语言作为掌柜给予回复。

9）店铺 DSR 评分管理

每天查看 DSR 动态评分情况，如发现评分下降，则需及时分析原因，给出提升评分改进计划。整理近 30 天的负面评价统计表，找出引起售后问题最多的宝贝，并针对这些进行整理分析。

10）客服聊天记录实时抽查

针对有问题的聊天记录，当日及时与客服进行沟通及辅导，杜绝再次发生类似的错误和不专业的服务。

11）客服数据分析

对于昨日的客服服务数据进行分析，了解每个客服的服务水平，找到店铺服务提升点及客服的提升点，如询单转化率、接待量、响应时间等。

4. 页面管理工作

1）店铺首页排版检查

每天对店铺首页的排版进行检查，查看是否存在明显的排版错误，如图片尺寸变形、图片显示不全、KV 聚点图滚动是否正常、在线旺旺排版位置是否正常等。

2）店铺导航条菜单检查

每天核对页面导航条菜单内容是否准确，有二级下拉菜单的需同时查看二级菜单的内容是否准确，过期的导航信息是否已经更换，所有菜单链接是否准确。

3）首页 KV 聚点检查

每天查看 KV 的产品图片和文字内容是否匹配，活动价格是否正确，活动是否在有效期内，链接是否能打开并且准确对应活动页面或者单品页面。

4）首页 Banner 内容检查

每天查看 Banner 的产品图片和文字内容是否匹配，活动价格是否正确，活动是否在有效期内，链接是否能打开且准确对应活动页面或者单品页面。

5）首页橱窗商品无空缺检查

每天查看首页橱窗商品有无下架商品造成的排列空缺，以免影响页面效果。

6）店铺公告内容检查

每天查看店铺设置的公告是否准确，是否有过期内容，及时更新。

7）促销商品图片与实际价格核对

每天查看标有折扣价格的商品图片是否在活动有效期内，避免出现活动结束后没有替换商品图片，造成图片上手工修改的价格与实际价格不一致的情况。

8）商品上架分类检查

每天对商品上架的类目准确性进行检查，避免商品因上错类目而引起降权，特别是折扣类目，避免商品调价后还在折扣类目当中。

9）活动商品及首页热销商品检查

每天对活动商品及首页热销商品进行检查，查看是否存在商品已下架但活动图片仍挂在活动页面或者首页的情况，及时替换其他商品的图片。

10）活动结束后页面 100% 检查

每天针对店铺已经结束的活动，需 100% 检查商品价格是否复原，活动期间的宣传图片是否已经全部更换。

11）单品内容检查

每天抽查一下单品页面的活动 Banner 及促销商品是否在活动的有效期内，价格是否准确。针对过了有效期的活动 Banner 及商品宣传，需及时替换。

12）同行竞争店铺首页内容监控

每天浏览同行竞争店铺首页的活动内容，并关注其商品的在售价格，参考有利的信息作为己用。监督其是否有超低价的商品，避免对自己店铺的活动商品产生影响。

13）日常货品信息及价格抽查

每天针对店铺商品图片内显示的促销信息，检查价格是否与实际售价相符。商品描述及价格依照官方匹配标准进行抽查，避免产生相关信息错误，造成商品实物与图片描述或价格不符，引发客户购买后的投诉。

14）商品链接检查

每天对店铺内的一些商品链接进行抽查，确保页面内的所有关联链接都能够点击，并且点击入内的信息就是链接内容，避免出现死链接，导致客户无法找到该商品或相关信息。

15）下架商品处理

每天检查所有已下架的商品，针对被违规下架或者异常下架的商品要及时处理，针对因缺货下架的商品要及时通知所有客服相关缺货产品信息，同时也需同步到品牌方，以便备货或调整同类品牌上架。

16）低库存商品备货

每天检查低于安全库存的货量，特别是热卖商品，需提前进行采购或通知品牌方进行备货。

17）缺货产品反馈

对于当日发现的缺货商品，需及时进行采购或通知品牌方备货，从而确保宝贝的正常销售。

1.7 电商运营人员成长的五个阶段

作为电商公司的创始人，除招聘和管理运营人员外，引导其成长也是其中重要的一环，这是对员工和公司负责的表现。那么，电商运营人员的成长分为几个阶段？每个阶段需要具备哪些能力，又该如何提升呢？

电商运营人员的成长分为两个方面：一方面是电商运营人员的能力构成和能力模型；另一方面是电商运营人员要突破的几大障碍。

一个电商运营人员完成蜕变，平均需要 3 年左右的时间。而在这期间，运营人员需要提升的能力是多维度的，能力模型如图 1-11 所示。

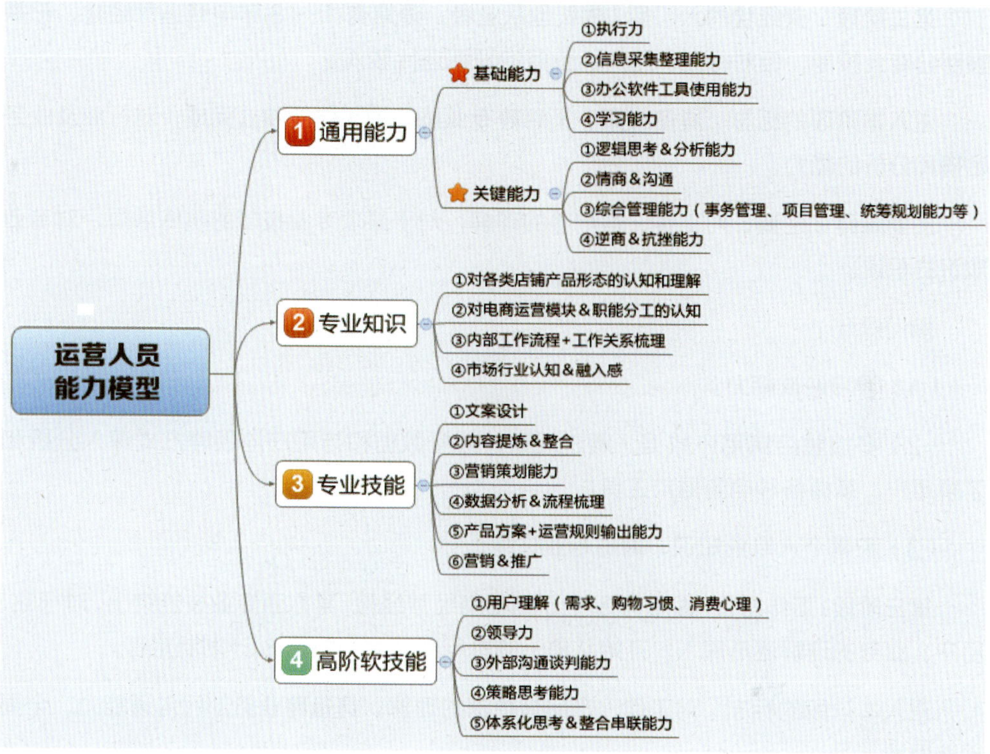

图 1-11

电商运营人员的成长分为如下五个阶段。

第一阶段：纯新人，刚刚入门，“小白”或“半小白”状态。

进入本阶段的标志：入行。

主要障碍：学习能力、执行力、逻辑分析能力。

如何提升：

（1）多接触新鲜事物，学习各种电商技巧。

（2）多发问、多思考，向自己的上级主管学习。

（3）磨炼行动力和执行力。

第二阶段：有经验的入门型 / 成长型从业者，通常有 1 ~ 3 年电商运营经验，已掌握部分专业技能，但对行业、用户、业务的理解还比较浅。

进入本阶段的标志：具备文案、策划等专业技能的工作能独立完成，对行业及业务钻研和分析的能力。

主要障碍：逆商，对工作、客户等的理解，对于某项专业技能的熟练掌握，对专业知识的积累。

如何提升：

（1）学习逆推能力。

（2）多接触店铺用户数据，通过观察、分析数据和与用户沟通等方式深入分析和了解用户，掌握各种电商推广工具。

（3）积累个人专业知识，磨炼专业技能。

第三阶段：工作主管，通常有 3 ~ 5 年电商经营经验，某方面专业技能突出，对行业、用户、业务的理解逐渐深入，开始从单一的执行者转变为策略 & 计划制定者。

进入本阶段的标志：对工作、产品有更深的理解，具备跨业务部门沟通能力、全局策略思维。

主要障碍：领导力、策略思考能力、管理能力、对业务流程及不同产品形态的理解。

如何提升：

（1）不要局限于自己的本职工作，要多维度体验不同电商工作的类型，多接触不同的推广营销工作（如直通车、钻展、淘宝客、内容营销等），对电商店铺有更深的理解。

（2）学会站在公司主营业务层面，甚至是行业层面去思考，想清楚店铺行业的数据逻辑、同行业下不同店铺的推广切入点有何差异，以及产生差异的原因，在这个过程中培养电商策略意识。

（3）找到自身的特长并去积累，直到可以因为某一点或某些事而被大家刮目相看。

第四阶段：专家，通常有 5 ~ 8 年电商运营经验，可能需要一定天赋（如情商、逻辑、领导力等）才能达到这一层级，对产品、工作、用户、行业等的理解都已经比较深入，善于制定策略并推动执行。

进入本阶段的标志：对不同类型的用户和不同类型的产品理解精深，对数据高度负责，能够把更多的精力放在策略制定、工作流程优化管理和电商工作串联整合上。

主要障碍：体系化思考、串联能力、管理能力、领导力。

如何提升：

（1）与行业高手切磋，学习先进的管理手段和方法，找到适合自己店铺发展的战术。

（2）分解和分析成功的业务流程和体系，制定和自己店铺相关的工作体系。

（3）完成从“工作主管”到“领导者”的转变。

（4）学习更多的行业知识和产品运营方法，取长补短，让店铺跟随淘宝规则发展。

（5）有自己的逻辑和理解，能讲清楚产品、运营、市场、团队、财务等职能之间的关系、差异，以及该如何配合。

第五阶段：高级专家，通常有 8 年以上电商运营经验，综合能力出众。同时，擅长连点成线，把各种细碎的运营事务串联为一个整体。

进入本阶段的标志：对行业、产品、工作和用户体验都有很深的理解，善于把细碎的运营工作串联在一起，形成合力。

主要障碍：大局观，对于行业、业务、用户等的全局性理解，策略制定能力。

如何提升：

（1）多与电商成功人士交流。

（2）在各大精英论坛学习和分享电商的先进方法和规则，做到取长补短，精益求精。

（3）开阔视野，学会从大格局（如资本面、技术革新、市场动态等层面）去判断和理解事物。

1.8 靠谱的运营人员的核心共同点

一些电商朋友和我聊天时会问：为什么花大价钱还是请不到靠谱的运营人员？靠谱的运营人员都去哪里了呢？

运营人员A：5年前做淘宝客服，因为能力出众，3年前转运营工作，后换工作去代运营公司并被极力培养，经手好几个店铺，走过弯路、犯过错，但都由这些店铺为他买单，之后成了他的宝贵经验。2年前他可以独立运营，月薪一万五千元起。后为更好的生活，同时再接一家店铺，月薪也是一万五千元。两家店铺同时做，都不用坐班，年收入达到50万元以上（包含提成和分红）。后来不满足于自己做店，于是开公司帮人做，今年已经买了一套房子。

运营人员B：7年前在阿里做直通车，后做软件开发，然后自己成立直通车代运营公司，经手上百家大小淘宝和天猫店铺，并从中吸取了很多宝贵经验，其手上的店铺收费从一家一年3万元到一个月5万元不等。其公司现已在新三板上市，再过2年就可以变成资本方了。

这些靠谱的运营人员有一个共同点，即经历过许多不同类型的店铺，并从中找到了电商运营的核心规律，同时也吸取了失败的经验教训。这些宝贵经验使他们能一眼看出一个店铺能不能做起来的关键点在哪里，所以他们只选能做得起来的店铺，并且收费都不低。所以，不要指望花几千块就能请到一个来拯救店铺的运营人员，这个阶段的薪资只能请到一个还在练手的运营人员，如果足够幸运的话，也许正好可以拯救你的店铺。当然，之后他会要更高的薪资，如果店铺老板无法满足，就只能独自苦撑店铺，开低薪等下一个来练手的运营人员。

所以，找到一个忠诚和靠谱的运营人员非常不容易。我建议店铺老板自己培养运营人员，前提是以合作分成的合伙人模式进行，让每个店铺工作者都有自己的事业体系，从而使员工的积极性大幅度提高。

最后，总结一下淘宝为什么越来越难做了：

（1）平台审核机制日益精进，以前通过“非正常”手段获取大量流量的方法越来越少。

（2）新流量的成本在增加，而你需要不断获取新流量。

（3）你所有的线上商业思维都局限于淘宝站内，平台内的任何风吹草动都能让你伤筋动骨。

（4）你所认为的同质化竞争越来越剧烈。

尽管现在获取新用户的成本在不断增加，但淘宝依然是获取新用户的王道。所以，我们不妨改变一下思维：你不是把商品摆在淘宝上让人来买，而是通过淘宝为你不断带来新用户。当然，我们要思考的是如何把淘宝上的新用户变成自己店铺的老用户。

第 2 章

手机淘宝关键词选词实操技巧

2.1 浅析移动电商

随着移动电商时代的到来，商家越来越真切地感受到移动电商的威力，从店铺日常销售到各类促销节日活动端口，除个别类目外，我们会发现移动端流量占比非常高，超越 PC 端，成为流量来源的主要载体。个别类目移动端的访客占比达到 80% 以上，甚至更高，无数卖家都在研究淘宝移动端的发力点。

随着淘宝流量的更加分散化、内容化原则的更深层次落地、智能手机的普及及更新换代、买家利用碎片化时间购物习惯的养成，移动电商大有俯瞰天下、一统江山的气势。

对绝大多数中小卖家来说，淘宝的主要流量来自于淘宝搜索中的关键词搜索，也就是所谓的自然搜索。

自然搜索流量是淘宝大部分店主苦苦追求的，因为其具有精准、免费、转化率高的特点，对商家来说多多益善。但在电商行业中，免费流量的获取却比付费流量的获取还要难。

与很多淘宝卖家一样，我也在不断研究标题，研究如何通过标题使产品排名靠面，最起码能收录在前 20 页的搜索范围内。

淘宝上的任何一个产品，都有几万、几十万，甚至是几百万个竞争产品，而能被搜索到的只有前 100 页，即 4404 个产品（根据最新规则，首页有 48 个产品，第二页以后都是每页 44 个产品），能排到前三页的只有 136 个产品，竞争的激烈程度可想而知。

我们对“标题党”三个字再熟悉不过了，基本上所有的搜索、推广、广告都是围绕着标题进行的。那么，我们该如何设计一个能带来流量的标题呢?

标题是电商商品中最重要的文字信息，它存在的意义在于为消费者展现商品的基本信息。

同时，对于整个电商和线上品牌来说，标题不仅是产品品牌调性的体现，也是公司运营战略的执行体现。

可以这样说，商家对电商是否重视，体现在标题的完整程度上；电商企业 CEO 对运营是否支持，体现在标题的专业程度上；电商运营总监对精细化运营是否到位，体现在标题的完美程度上。

那么，要想做好手机淘宝的关键词，我们首先要了解无线端。为什么无线端会有这么多流量？

（1）淘宝人群的年轻化。喜欢用手机淘宝购物的买家大多都集中在 35 岁以下，这部分人群一般都喜欢在上班的闲暇时间及上下班路上、车上通过手机淘宝客户端来网购。

（2）手机的发展功不可没。手机的配置越来越高，价格越来越便宜，功能越来越多，这给用手机购物提供了极大的便利。

2.2 关键词对宝贝的重要性

关键词对宝贝的重要性体现在如下几个方面：

（1）关键词与宝贝本身信息的相关性。

（2）关键词与宝贝类目和属性的相关性。

（3）关键词与宝贝在淘宝上推广的反馈，包括成交量、收藏量和点击率。

（4）账户的历史记录，根据你账户内的所有推广和关键词的反馈计算得出。

（5）宝贝详情页质量。

（6）其他相关因素，如图片质量、是否存在某些严重违规行为、是否处罚等。

（7）其他淘宝推荐重要属性，如消费者保障服务及公益服务等。

下面我们逐一分析。

1. 关键词与宝贝本身信息的相关性

关键词与宝贝的相关度高低，如何体现呢？目前主要体现在宝贝标题信息和直通车推广内容信息上。如果关键词是宝贝标题中用到的，特别是在直通车的推广标题中出现过的，那么该关键词与宝贝的相关度就会很高。

2. 关键词与宝贝类目和属性的相关性

这很好理解，即宝贝发布的类目和关键词的优先类目的一致性，以及你发布宝贝时选择的属性与关键词的一致性。

3. 关键词与宝贝在淘宝上推广的反馈，包括成交量、收藏量和点击率

通过搜索该关键词后，为直通车带来的成交量越高，收藏量越多，点击率越高，说明买家反馈越好，这正是我们需要努力的方向。

4. 账户的历史记录，根据你账户内的所有推广和关键词的反馈计算得出

这说的是累积性，即系统会根据我们关键词过去推广过程中的情况，来计算关键词与买家搜索意图的符合程度，也就是相关性。和我们通过考察一个人的过往经历，可以大致预测他现在和以后的一些情况是一个道理。

5. 宝贝详情页质量

宝贝详情页是促进转化的重要性因素，一个好的宝贝详情页能够激起顾客的购买欲望，促使顾客下单。前面是通过关键词搜索，通过图片、标题、价格、销量等进行判断选择，最终进入宝贝详情页。是否能促成购买交易，宝贝详情页起了决定性的作用。

6. 其他相关因素

例如，图片质量、是否存在某些严重违规行为、是否处罚等。图片质量是吸引买家点击与否的一个重要因素，而是否存在某些严重违规行为、是否处罚等，则是我们需要对买家负责的。所以，只要诚信经营，努力提升服务质量，质量得分也会有所提升。

7. 其他淘宝推荐重要属性，如消费者保障服务及公益服务等

这一点与上一点类似，都是淘宝网对买家体验的重视，同时也是对店铺老板的要求，通过质量得分体现出来。

关键词是衔接消费者需求和产品的桥梁。消费者买东西或者体验服务都是因为他们有需求，而有需求就会通过关键词进行搜索。消费者通过关键词搜索到自己需求的产品后，淘宝搜索引擎会根据消费者的需求，匹配最优类目下的宝贝优先展示给消费者。

所以，淘宝的关键词反映的是消费者的需求，每个关键词对应着一群消费者。

2.3 关键词策略

关键词是宝贝标题的核心要素，一个优秀的宝贝标题的关键词，既要有点击率，也要有成交量来支撑。也就是说，宝贝标题中只有高点击率的关键词或只有高成交量的关键词，宝贝的排名都不会靠前，只有关键词同时具备高点击率和高成交量，宝贝的排名才有靠前的可能。

那么，如何找到同时具备高点击率和高成交量的关键词呢?

高点击率关键词隐藏地点：淘宝搜索的下拉词框和淘宝排行中的关键词都是点击率非常高的关键词。

高成交量关键词隐藏地点：在生意参谋的后台查看自己宝贝成交的关键词或者查看市场行情中的行业热词榜。

一个优秀的宝贝标题应该同时拥有成交量和点击率。可以先查看一下宝贝，如果这款宝贝的成交量足够高，那么就要在点击率上下功夫，尽量使用一些点击率高的关键词优化标题，这种方法叫作点击率补充法。如果宝贝的点击率足够高，那么就要用成交量高的关键词优化标题，通常我们叫作成交量补充法。按这两种方法进行测试和调整，宝贝的排名一定会发生变化。

找到关键词后，我们还要学会组合关键词。举个例子，当我们搜索“净水器”时，淘宝下拉词框中会出现很多和“净水器”相关的组合词，这些词都是淘宝搜索引擎系统默认的相关词，点击率极高。

在生意参谋中进行搜索也会出现很多组合词，这些词的交易量很高。需要注意的是，使用组合词时一定要使用同时具备高点击率和高成交量的词，不过这些词不是淘宝搜索引擎系统默认的，而是用户搜索词。通常当淘宝搜索的组合词与生意参谋搜索的组合词重复时，就证明这个词是好词，其最佳位置是放在宝贝标题的中间。

概括来讲，好的标题要包括两个基本特点：

（1）语句通顺，买家能看明白。具体做法可以是从大到小表述，比如宝贝的品牌、系列型号、功能、规格、属性卖点，让买家能在最短的时间内知道这件商品是什么。

淘宝标题制定策略：品牌 + 热词（类目词或类目下拉框词）+ 属性卖点词 + 黄金长尾关键词。

（2）满足搜索引擎的条件。这需要电商运营人员能够做好最基本的市场容量调研，比如店铺竞争对手是怎么做的？目前竞争对手商品的热搜词有哪些？下单买家的成交来源入口有哪些？热销商品的成交关键词排名如何？然后，找到精准或者较为精准，并且适合自身店铺运营产品的最佳关键词。最后要做的事就是把这些最佳或者说最适合自己产品的关键词有规律、有计划、有条理地养好。

关键词选择策略：长尾关键词中包含二级关键词，二级关键词中包含一级关键词。

初期标题：以高转化率的长尾关键词为主。

中期标题：以高转化率的淘宝下拉框词为主。

爆款标题：以类目关键词，即一级关键词为主。

2.4　关键词选词实操技巧

下面我们从关键词选择策略入手，通过“生意参谋→市场→行业热词榜”中的数据进行关键词选择综合分析。

步骤 1　打开商家后台的生意参谋，选择“市场”，在页面左侧的“搜索词分析”中选择“行业热词榜”，如图 2-1 所示。

图 2-1

步骤 2 在行业热词榜页面找到日期，选择“最近 7 天”，然后在日期下方选择我们想要的主类目的子类目（这里我们选择的是“厨房电器”下的“净水器”），在右侧的“所有终端”下拉菜单中选择“无线端”。最后，页面下方会出现店铺关于净水器最近 7 天的热搜搜索词，单击右侧的“下载”选项进行下载，如图 2-2 所示。

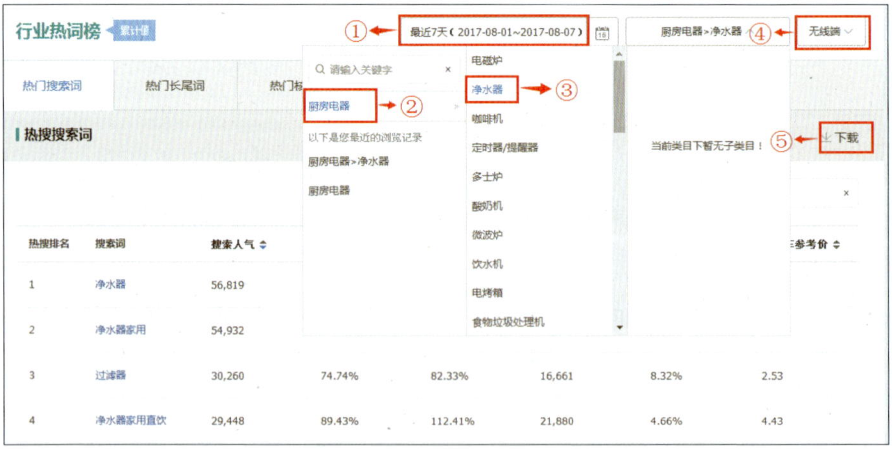

图 2-2

步骤 3 下载后显示图 2-3 所示的表格。

数据说明：以下数据为您所选时间周期的相关指标，如需查看其他时间周期的数据，请重新选择后下载

收藏网址：d.alibaba.com，让数据帮您生意参谋！点此进入>>

排名	搜索词	搜索人气	商城点击占比	点击率	点击人气	支付转化率	直通车参考价
1	净水器	58,162	82.14%	41.39%	33,900	4.01%	3.71
2	净水器家用	44,888	88.44%	77.45%	32,679	4.95%	3.37
3	过滤器	33,608	64.14%	58.72%	18,254	9.57%	2.55
4	净水器家用直饮	30,278	86.39%	76.33%	21,858	4.69%	3.64
5	水龙头过滤器	23,941	47.32%	83.52%	17,833	17.90%	2.18
6	净水器水龙头	23,001	66.91%	77.75%	16,717	11.70%	2.34
7	净水器家用直饮 史密斯	19,762	78.09%	45.59%	11,154	0.32%	3.08
8	净水机	18,519	81.25%	37.71%	10,388	2.48%	3.07
9	碧然德	17,948	40.23%	71.11%	10,735	9.05%	3.14
10	前置过滤器	16,762	72.64%	88.84%	12,980	8.15%	3.04
11	安吉尔净水器	15,784	68.68%	56.68%	9,626	2.41%	3.58
12	自来水过滤器	15,225	75.41%	74.15%	10,902	9.58%	2.60
13	净水壶	15,202	49.38%	85.04%	11,491	7.42%	3.48
14	过滤水壶	14,099	42.25%	73.05%	9,161	7.03%	2.44
15	过滤器 自来水 家用	13,593	82.55%	69.64%	9,167	9.10%	2.82
16	净水机家用	13,423	87.76%	75.46%	9,534	3.41%	3.45

图 2-3

步骤 4 针对图 2-3 所示的表格，我们进行加工修改，把左侧的“排名”一列删除，把中间指标中的“商城点击占比”“点击人气”及“直通车参考价”3 列数据也删除，最终指标为搜索人气、点击率和支付转化率，如图 2-4 所示。

搜索词	搜索人气	点击率	支付转化率
净水器	58,162	41.39%	4.01%
净水器家用	44,888	77.45%	4.95%
过滤器	33,608	58.72%	9.57%
净水器家用直饮	30,278	76.33%	4.69%
水龙头过滤器	23,941	83.52%	17.90%
净水器水龙头	23,001	77.75%	11.70%
净水器家用直饮 史密斯	19,762	45.59%	0.32%
净水机	18,519	37.71%	2.48%
碧然德	17,948	71.11%	9.05%
前置过滤器	16,762	88.84%	8.15%
安吉尔净水器	15,784	56.68%	2.41%
自来水过滤器	15,225	74.15%	9.58%
净水壶	15,202	85.04%	7.42%
过滤水壶	14,099	73.05%	7.03%
过滤器 自来水 家用	13,593	69.64%	9.10%
净水机家用	13,423	75.46%	3.41%
沁园官方旗舰店	13,143	75.46%	1.02%
过滤器 自来水	12,864	68.50%	9.45%
沁园净水器滤芯	11,856	70.13%	8.52%
3m净水器	11,589	72.53%	3.17%
海尔净水器	11,465	66.93%	3.97%
美的净水器	11,460	40.08%	3.63%
史密斯净水器	11,307	79.75%	1.54%
滤水器	10,842	72.56%	8.60%
沁园	10,691	89.49%	3.00%
净化器家用水	10,494	66.88%	4.17%
沁园净水器	10,381	47.84%	2.77%

图 2-4

步骤 5　接下来，我们在每个指标旁边插入一列空白表格，分别对应我们参考的 3 个维度指标，名称依次为搜索分值、点击分值和转化分值，最后末尾加一列综合分值，如图 2-5 所示。

A	B	C	D	E	F	G	H
搜索词	搜索人气	搜索分值	点击率	点击分值	支付转化率	转化分值	综合分值
净水器	58,162		41.39%		4.01%		
净水器家用	44,888		77.45%		4.95%		
过滤器	33,608		58.72%		9.57%		
净水器家用直饮	30,278		76.33%		4.69%		
水龙头过滤器	23,941		83.52%		17.90%		
净水器水龙头	23,001		77.75%		11.70%		
净水器家用直饮 史密斯	19,762		45.59%		0.32%		
净水机	18,519		37.71%		2.48%		
碧然德	17,948		71.11%		9.05%		
前置过滤器	16,762		88.84%		8.15%		
安吉尔净水器	15,784		56.68%		2.41%		
自来水过滤器	15,225		74.15%		9.58%		
净水壶	15,202		85.04%		7.42%		
过滤水壶	14,099		73.05%		7.03%		
过滤器 自来水 家用	13,593		69.64%		9.10%		
净水机家用	13,423		75.46%		3.41%		
沁园官方旗舰店	13,143		75.46%		1.02%		
过滤器 自来水	12,864		68.50%		9.45%		
沁园净水器滤芯	11,856		70.13%		8.52%		
3m净水器	11,589		72.53%		3.17%		
海尔净水器	11,465		66.93%		3.97%		
美的净水器	11,460		40.08%		3.63%		
史密斯净水器	11,307		79.75%		1.54%		
滤水器	10,842		72.56%		8.60%		
沁园	10,691		89.49%		3.00%		
净化器家用水	10,494		66.88%		4.17%		
沁园净水器	10,381		47.84%		2.77%		

我们在每个指标旁边插入一列空白表格

最后在末尾加一列综合分值

图 2-5

步骤 6　套用多变量综合评价法公式：

第 N 个标准化值 =（第 N 个值 − 该列最小值）/（该列最大值 − 该列最小值）

我们把这个公式输入到搜索分值下方的单元格 C2 中："=(B2-MIN(B:B))/(MAX(B:B)-MIN(B:B))"，计算得到 C2 的搜索分值为 1，如图 2-6 所示。

其中，B2 表示列为 B，行为 2，实际位置就是图 2-6 所示的搜索人气数值 58 162；

MIN（B:B）表示 B 列的最小值，实际就是在搜索人气指标下的最小值；

MAX（B:B）表示 B 列的最大值，实际就是在搜索人气指标下的最大值。

注：关于多变量综合评价法公式，在我的第二本书《淘宝天猫电商运营与数据化选品完全手册》的第 1 章中有详细的实操，有兴趣的读者朋友可以去参考下。

C2　fx　=(B2-MIN(B:B))/(MAX(B:B)-MIN(B:B))

A	B	C	D	E	F	G	H
搜索词	搜索人气	搜索分值	点击率	点击分值	支付转化率	转化分值	综合分值
净水器	58,162	1	41.39%		4.01%		
净水器家用	44,888		77.45%		4.95%		
过滤器	33,608		58.72%		9.57%		
净水器家用直饮	30,278		76.33%		4.69%		
水龙头过滤器	23,941		83.52%		17.90%		
净水器水龙头	23,001						
净水器家用直饮 史密斯	19,762		45.59%		0.32%		
净水机	18,519		37.71%		2.48%		
碧然德	17,948		71.11%		9.05%		
前置过滤器	16,762		88.84%		8.15%		
安吉尔净水器	15,784		56.68%		2.41%		
自来水过滤器	15,225		74.15%		9.58%		
净水壶	15,202		85.04%		7.42%		
过滤水壶	14,099		73.05%		7.03%		
过滤器 自来水 家用	13,593		69.64%		9.10%		
净水机家用	13,423		75.46%		3.41%		
沁园官方旗舰店	13,143		75.46%		1.02%		
过滤器 自来水	12,864		68.50%		9.45%		
沁园净水器滤芯	11,856		70.13%		8.52%		
3m净水器	11,589		72.53%		3.17%		
海尔净水器	11,465		66.93%		3.97%		
美的净水器	11,460		40.08%		3.63%		
史密斯净水器	11,307		79.75%		1.54%		
滤水器	10,842		72.56%		8.60%		
沁园	10,691		89.49%		3.00%		
净化器家用水	10,494		66.88%		4.17%		
沁园净水器	10,381		47.84%		2.77%		

第 N 个标准化值 =（第 N 个值 – 该列最小值）/（该列最大值 – 该列最小值）

图 2-6

步骤 7 随后，按住 C2 单元格右下角的小“+”号向下拖动，松开鼠标后会看到该列的单元格内都显示出了对应的数值，如图 2-7 所示。使用同样的方法，把点击分值和转化分值也统计出来。

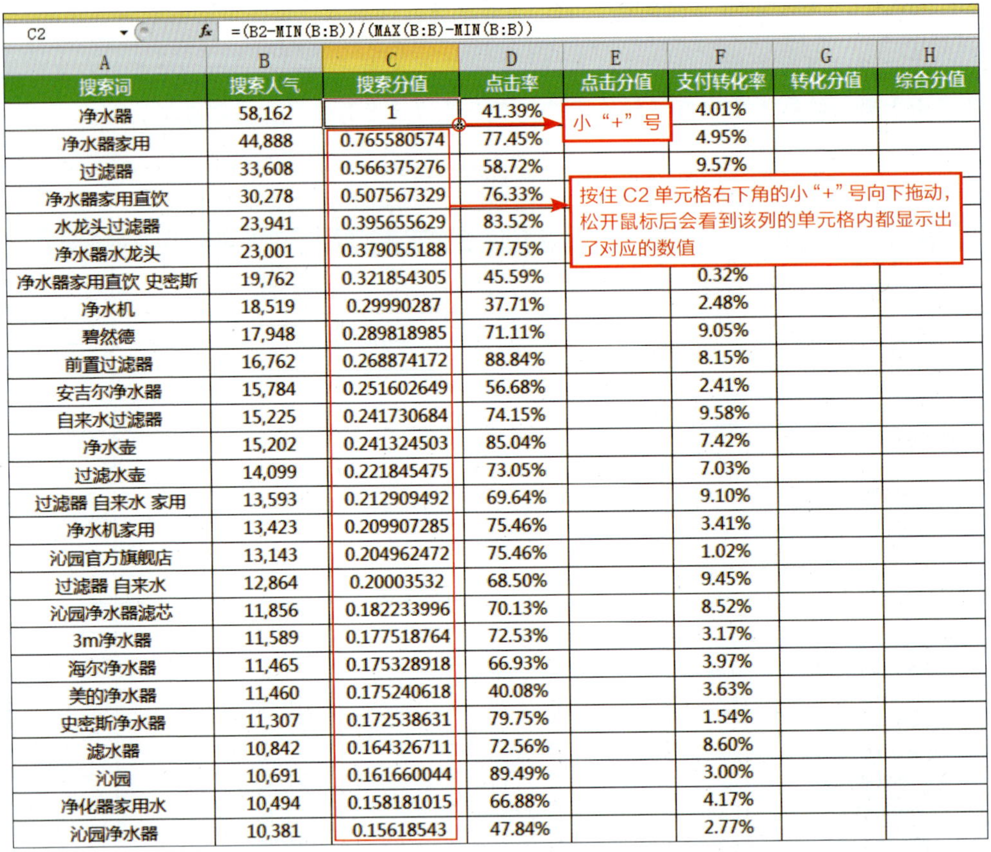

C2 =(B2-MIN(B:B))/(MAX(B:B)-MIN(B:B))

A	B	C	D	E	F	G	H
搜索词	搜索人气	搜索分值	点击率	点击分值	支付转化率	转化分值	综合分值
净水器	58,162	1	41.39%		4.01%		
净水器家用	44,888	0.765580574	77.45%		4.95%		
过滤器	33,608	0.566375276	58.72%		9.57%		
净水器家用直饮	30,278	0.507567329	76.33%				
水龙头过滤器	23,941	0.395655629	83.52%				
净水器水龙头	23,001	0.379055188	77.75%				
净水器家用直饮 史密斯	19,762	0.321854305	45.59%		0.32%		
净水机	18,519	0.29990287	37.71%		2.48%		
碧然德	17,948	0.289818985	71.11%		9.05%		
前置过滤器	16,762	0.268874172	88.84%		8.15%		
安吉尔净水器	15,784	0.251602649	56.68%		2.41%		
自来水过滤器	15,225	0.241730684	74.15%		9.58%		
净水壶	15,202	0.241324503	85.04%		7.42%		
过滤水壶	14,099	0.221845475	73.05%		7.03%		
过滤器 自来水 家用	13,593	0.212909492	69.64%		9.10%		
净水机家用	13,423	0.209907285	75.46%		3.41%		
沁园官方旗舰店	13,143	0.204962472	75.46%		1.02%		
过滤器 自来水	12,864	0.20003532	68.50%		9.45%		
沁园净水器滤芯	11,856	0.182233996	70.13%		8.52%		
3m净水器	11,589	0.177518764	72.53%		3.17%		
海尔净水器	11,465	0.175328918	66.93%		3.97%		
美的净水器	11,460	0.175240618	40.08%		3.63%		
史密斯净水器	11,307	0.172538631	79.75%		1.54%		
滤水器	10,842	0.164326711	72.56%		8.60%		
沁园	10,691	0.161660044	89.49%		3.00%		
净化器家用水	10,494	0.158181015	66.88%		4.17%		
沁园净水器	10,381	0.15618543	47.84%		2.77%		

图 2-7

步骤 8 在 C2 单元格上单击鼠标右键，在弹出的快捷菜单中选择“复制”选项，如图 2-8 所示。

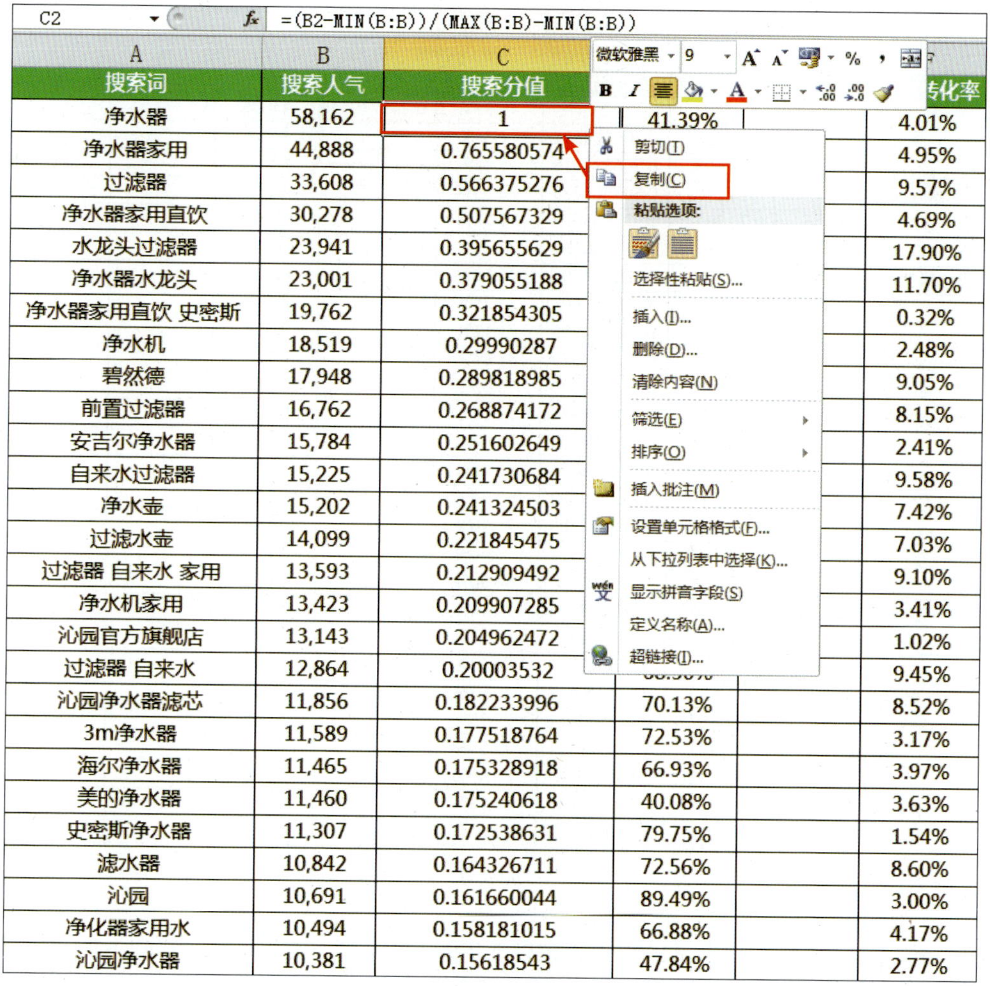

A	B	C			
搜索词	搜索人气	搜索分值			化率
净水器	58,162	1	41.39%		4.01%
净水器家用	44,888	0.765580574			4.95%
过滤器	33,608	0.566375276			9.57%
净水器家用直饮	30,278	0.507567329			4.69%
水龙头过滤器	23,941	0.395655629			17.90%
净水器水龙头	23,001	0.379055188			11.70%
净水器家用直饮 史密斯	19,762	0.321854305			0.32%
净水机	18,519	0.29990287			2.48%
碧然德	17,948	0.289818985			9.05%
前置过滤器	16,762	0.268874172			8.15%
安吉尔净水器	15,784	0.251602649			2.41%
自来水过滤器	15,225	0.241730684			9.58%
净水壶	15,202	0.241324503			7.42%
过滤水壶	14,099	0.221845475			7.03%
过滤器 自来水 家用	13,593	0.212909492			9.10%
净水机家用	13,423	0.209907285			3.41%
沁园官方旗舰店	13,143	0.204962472			1.02%
过滤器 自来水	12,864	0.20003532			9.45%
沁园净水器滤芯	11,856	0.182233996	70.13%		8.52%
3m净水器	11,589	0.177518764	72.53%		3.17%
海尔净水器	11,465	0.175328918	66.93%		3.97%
美的净水器	11,460	0.175240618	40.08%		3.63%
史密斯净水器	11,307	0.172538631	79.75%		1.54%
滤水器	10,842	0.164326711	72.56%		8.60%
沁园	10,691	0.161660044	89.49%		3.00%
净化器家用水	10,494	0.158181015	66.88%		4.17%
沁园净水器	10,381	0.15618543	47.84%		2.77%

图 2-8

步骤 9　在 E2 单元格上单击鼠标右键，在弹出的快捷菜单中选择“粘贴”选项，我们会看到点击分值下的 E2 单元格内显示为 0.249 770 43，同时上方的编辑框内显示对应的公式：“=（D2-MIN（D:D））/（MAX（D:D）-MIN（D:D））”，如图 2-9 所示。

E2 =(D2-MIN(D:D))/(MAX(D:D)-MIN(D:D))

A	B	C	D	E	F	G	H
搜索词	搜索人气	搜索分值	点击率	点击分值	支付转化率	转化分值	综合分值
净水器	58,162	1	41.39%	0.24977043	4.01%		
净水器家用	44,888	0.765580574	77.45%		4.95%		
过滤器	33,608	0.566375276	58.72%		9.57%		
净水器家用直饮	30,278	0.507567329	76.33%		4.69%		
水龙头过滤器	23,941	0.395655629	83.52%		17.90%		
净水器水龙头	23,001	0.379055188	77.75%		11.70%		
净水器家用直饮 史密斯	19,762	0.321854305	45.59%		0.32%		
净水机	18,519	0.29990287	37.71%		2.48%		
碧然德	17,948	0.289818985	71.11%		9.05%		
前置过滤器	16,762	0.268874172	88.84%		8.15%		
安吉尔净水器	15,784	0.251602649	56.68%		2.41%		
自来水过滤器	15,225	0.241730684	74.15%		9.58%		
净水壶	15,202	0.241324503	85.04%		7.42%		
过滤水壶	14,099	0.221845475	73.05%		7.03%		
过滤器 自来水 家用	13,593	0.212909492	69.64%		9.10%		
净水机家用	13,423	0.209907285	75.46%		3.41%		
沁园官方旗舰店	13,143	0.204962472	75.46%		1.02%		
过滤器 自来水	12,864	0.20003532	68.50%		9.45%		
沁园净水器滤芯	11,856	0.182233996	70.13%		8.52%		
3m净水器	11,589	0.177518764	72.53%		3.17%		
海尔净水器	11,465	0.175328918	66.93%		3.97%		
美的净水器	11,460	0.175240618	40.08%		3.63%		
史密斯净水器	11,307	0.172538631	79.75%		1.54%		
滤水器	10,842	0.164326711	72.56%		8.60%		
沁园	10,691	0.161660044	89.49%		3.00%		
净化器家用水	10,494	0.158181015	66.88%		4.17%		
沁园净水器	10,381	0.15618543	47.84%		2.77%		

粘贴后的数据

图 2-9

随后，我们按照步骤 7 的操作，按住 E2 单元格右下角的小“+”号向下拖动，最终在该列显示出对应的数值。

步骤 10 同理，转化分值列的数值也可以根据步骤 8 和步骤 9 的操作得到，如图 2-10 所示。

搜索词	搜索人气	搜索分值	点击率	点击分值	支付转化率	转化分值	综合分值
净水器	58,162	1	41.39%	0.24977043	4.01%	0.08021851	
净水器家用	44,888	0.765580574	77.45%	0.471046561	4.95%	0.09901433	
过滤器	33,608	0.566375276	58.72%	0.356127973	9.57%	0.19133318	
净水器家用直饮	30,278	0.507567329	76.33%	0.46418319	4.69%	0.093872	
水龙头过滤器	23,941	0.395655629	83.52%	0.508264229	17.90%	0.35800874	
净水器水龙头	23,001	0.379055188	77.75%	0.472854373	11.70%	0.23407752	
净水器家用直饮 史密斯	19,762	0.321854305	45.59%	0.275577547	0.32%	0.00639488	
净水机	18,519	0.29990287	37.71%	0.227195436	2.48%	0.04967829	
碧然德	17,948	0.289818985	71.11%	0.432143493	9.05%	0.18096724	
前置过滤器	16,762	0.268874172	88.84%	0.540924044	8.15%	0.16295988	
安吉尔净水器	15,784	0.251602649	56.68%	0.343572419	2.41%	0.04810298	
自来水过滤器	15,225	0.241730684	74.15%	0.450784356	9.58%	0.19167473	
净水壶	15,202	0.241324503	85.04%	0.517581346	7.42%	0.14847716	
过滤水壶	14,099	0.221845475	73.05%	0.444004015	7.03%	0.14062787	
过滤器 自来水 家用	13,593	0.212909492	69.64%	0.423102595	9.10%	0.18191821	
净水机家用	13,423	0.209907285	75.46%	0.458838664	3.41%	0.06813489	
沁园官方旗舰店	13,143	0.204962472	75.46%	0.458804828	1.02%	0.02042755	
过滤器 自来水	12,864	0.20003532	68.50%	0.416124678	9.45%	0.18907199	
沁园净水器滤芯	11,856	0.182233996	70.13%	0.426110443	8.52%	0.17043561	
3m净水器	11,589	0.177518764	72.53%	0.440842678	3.17%	0.06334842	
海尔净水器	11,465	0.175328918	66.93%	0.406456865	3.97%	0.07946716	
美的净水器	11,460	0.175240618	40.08%	0.241747117	3.63%	0.07267176	
史密斯净水器	11,307	0.172538631	79.75%	0.485124705	1.54%	0.03072274	
滤水器	10,842	0.164326711	72.56%	0.441002214	8.60%	0.17191819	
沁园	10,691	0.161660044	89.49%	0.544900742	3.00%	0.05992051	
净化器家用水	10,494	0.158181015	66.88%	0.406163035	4.17%	0.08338125	
沁园净水器	10,381	0.15618543	47.84%	0.289353642	2.77%	0.05539264	

图 2-10

步骤 11　最后，我们来计算综合分值。综合分值 = 搜索分值 + 点击分值 + 转化分值，所以 H2(综合分值)=C2+E2+G2=1.329 988 94。然后按住 H2 单元格右下角的小“+”号向下拖动，得出每个热搜关键词的综合分值，如图 2-11 所示。

步骤 12　我们选择 A ~ H 列，在上方的工具栏中选择“排序和筛选”下拉菜单中的“筛选”选项，如图 2-12 所示，在“综合分值”右侧出现了一个下三角按钮。

H2 =C2+E2+G2

A	B	C	D	E	F	G	H
搜索词	搜索人气	搜索分值	点击率	点击分值	支付转化率	转化分值	综合分值
净水器	58,162	1	41.39%	0.24977043	4.01%	0.08021851	1.32998894
净水器家用	44,888	0.765580574	77.45%	0.471046561	4.95%	0.099014327	1.335641462
过滤器	33,608	0.566375276	58.72%	0.356127973	9.57%	0.191333175	1.113836424
净水器家用直饮	30,278	0.507567329	76.33%	0.46418319	4.69%	0.093872001	1.06562252
水龙头过滤器	23,941	0.395655629	83.52%	0.508264229	17.90%	0.358008738	1.261928596
净水器水龙头	23,001	0.379055188	77.75%	0.472854373	11.70%	0.234077524	1.085987084
净水器家用直饮 史密斯	19,762	0.321854305	45.59%	0.275577547	0.32%	0.006394884	0.603826735
净水机	18,519	0.29990287	37.71%	0.227195436	2.48%	0.049678288	0.576776594
碧然德	17,948	0.289818985	71.11%	0.432143493	9.05%	0.180967239	0.902929716
前置过滤器	16,762	0.268874172	88.84%	0.540924044	8.15%	0.162959884	0.9727581
安吉尔净水器	15,784	0.251602649	56.68%	0.343572419	2.41%	0.048102981	0.643278049
自来水过滤器	15,225	0.241730684	74.15%	0.450784356	9.58%	0.191674734	0.884189774
净水壶	15,202	0.241324503	85.04%	0.517581346	7.42%	0.148477157	0.907383006
过滤水壶	14,099	0.221845475	73.05%	0.444004015	7.03%	0.140627869	0.806477358
过滤器 自来水 家用	13,593	0.212909492	69.64%	0.423102595	9.10%	0.18191821	0.817930297
净水机家用	13,423	0.209907285	75.46%	0.458838664	3.41%	0.068134893	0.736880842
沁园官方旗舰店	13,143	0.204962472	75.46%	0.458804828	1.02%	0.020427553	0.684194854
过滤器 自来水	12,864	0.20003532	68.50%	0.416124678	9.45%	0.189071986	0.805231984
沁园净水器滤芯	11,856	0.182233996	70.13%	0.426110443	8.52%	0.170435611	0.778780049
3m净水器	11,589	0.177518764	72.53%	0.440842678	3.17%	0.063348416	0.681709858
海尔净水器	11,465	0.175328918	66.93%	0.406456865	3.97%	0.079467157	0.66125294
美的净水器	11,460	0.175240618	40.08%	0.241747117	3.63%	0.072671756	0.489659491
史密斯净水器	11,307	0.172538631	79.75%	0.485124705	1.54%	0.03072274	0.688386076
滤水器	10,842	0.164326711	72.56%	0.441002214	8.60%	0.171918187	0.777247112
沁园	10,691	0.161660044	89.49%	0.544900742	3.00%	0.059920514	0.766481299
净化器家用水	10,494	0.158181015	66.88%	0.406163035	4.17%	0.083381254	0.647725304
沁园净水器	10,381	0.15618543	47.84%	0.289353642	2.77%	0.055392636	0.500931709

图 2-11

A	B	C	D	E	F	G	H
搜索词	搜索人气	搜索分值	点击率	点击分值	支付转化率	转化分值	综合分值
净水器	58,162	1	41.39%	0.24977043	4.01%	0.08021851	1.32998894
净水器家用	44,888	0.765580574	77.45%	0.471046561	4.95%	0.099014327	1.335641462
过滤器	33,608	0.566375276	58.72%	0.356127973	9.57%	0.191333175	1.113836424
净水器家用直饮	30,278	0.507567329	76.33%	0.46418319	4.69%	0.093872001	1.06562252
水龙头过滤器	23,941	0.395655629	83.52%	0.508264229	17.90%	0.358008738	1.261928596
净水器水龙头	23,001	0.379055188	77.75%	0.472854373	11.70%	0.234077524	1.085987084
净水器家用直饮 史密斯	19,762	0.321854305	45.59%	0.275577547	0.32%	0.006394884	0.603826735
净水机	18,519	0.29990287	37.71%	0.227195436	2.48%	0.049678288	0.576776594
碧然德	17,948	0.289818985	71.11%	0.432143493	9.05%	0.180967239	0.902929716
前置过滤器	16,762	0.268874172	88.84%	0.540924044	8.15%	0.162959884	0.9727581
安吉尔净水器	15,784	0.251602649	56.68%	0.343572419	2.41%	0.048102981	0.643278049
自来水过滤器	15,225	0.241730684	74.15%	0.450784356	9.58%	0.191674734	0.884189774
净水壶	15,202	0.241324503	85.04%	0.517581346	7.42%	0.148477157	0.907383006
过滤水壶	14,099	0.221845475	73.05%	0.444004015	7.03%	0.140627869	0.806477358
过滤器 自来水 家用	13,593	0.212909492	69.64%	0.423102595	9.10%	0.18191821	0.817930297
净水机家用	13,423	0.209907285	75.46%	0.458838664	3.41%	0.068134893	0.736880842
沁园官方旗舰店	13,143	0.204962472	75.46%	0.458804828	1.02%	0.020427553	0.684194854
过滤器 自来水	12,864	0.20003532	68.50%	0.416124678	9.45%	0.189071986	0.805231984
沁园净水器滤芯	11,856	0.182233996	70.13%	0.426110443	8.52%	0.170435611	0.778780049
3m净水器	11,589	0.177518764	72.53%	0.440842678	3.17%	0.063348416	0.681709858
海尔净水器	11,465	0.175328918	66.93%	0.406456865	3.97%	0.079467157	0.66125294
美的净水器	11,460	0.175240618	40.08%	0.241747117	3.63%	0.072671756	0.489659491
史密斯净水器	11,307	0.172538631	79.75%	0.485124705	1.54%	0.03072274	0.688386076
滤水器	10,842	0.164326711	72.56%	0.441002214	8.60%	0.171918187	0.777247112
沁园	10,691	0.161660044	89.49%	0.544900742	3.00%	0.059920514	0.766481299
净化器家用水	10,494	0.158181015	66.88%	0.406163035	4.17%	0.083381254	0.647725304
沁园净水器	10,381	0.15618543	47.84%	0.289353642	2.77%	0.055392636	0.500931709

图 2-12

步骤 13　单击“综合分值”右侧的下三角按钮，在弹出的列表中选择“降序”选项，如图 2-13 所示。

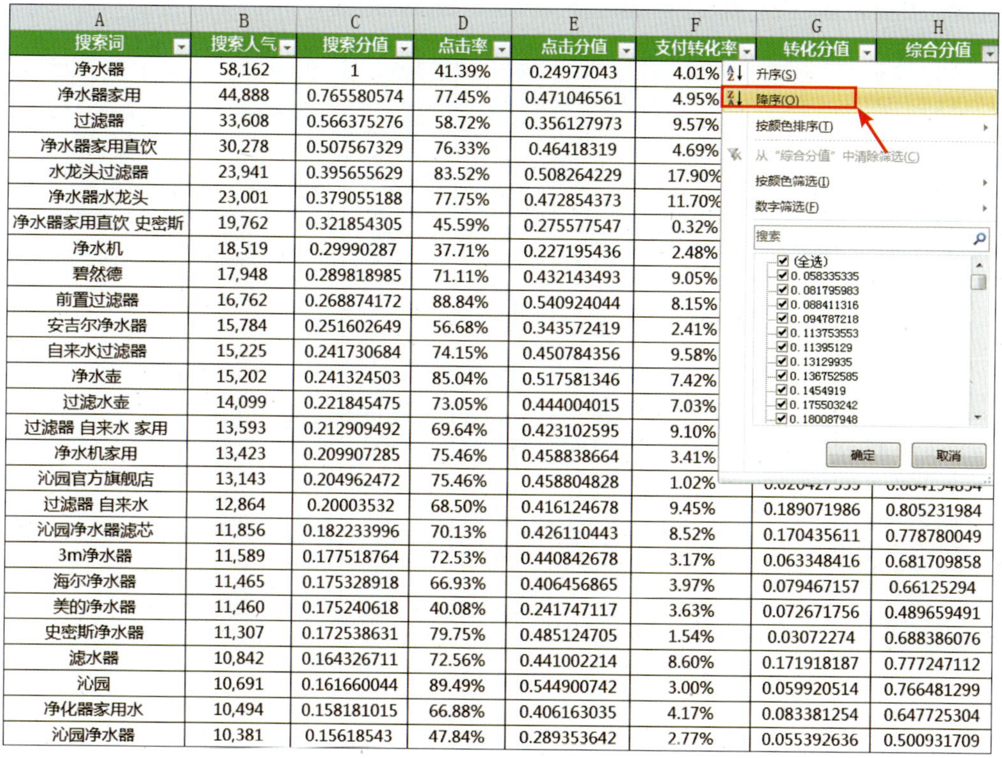

A	B	C	D	E	F	G	H
搜索词	搜索人气	搜索分值	点击率	点击分值	支付转化率	转化分值	综合分值
净水器	58,162	1	41.39%	0.24977043	4.01%		
净水器家用	44,888	0.765580574	77.45%	0.471046561	4.95%		
过滤器	33,608	0.566375276	58.72%	0.356127973	9.57%		
净水器家用直饮	30,278	0.507567329	76.33%	0.46418319	4.69%		
水龙头过滤器	23,941	0.395655629	83.52%	0.508264229	17.90%		
净水器水龙头	23,001	0.379055188	77.75%	0.472854373	11.70%		
净水器家用直饮 史密斯	19,762	0.321854305	45.59%	0.275577547	0.32%		
净水机	18,519	0.29990287	37.71%	0.227195436	2.48%		
碧然德	17,948	0.289818985	71.11%	0.432143493	9.05%		
前置过滤器	16,762	0.268874172	88.84%	0.540924044	8.15%		
安吉尔净水器	15,784	0.251602649	56.68%	0.343572419	2.41%		
自来水过滤器	15,225	0.241730684	74.15%	0.450784356	9.58%		
净水壶	15,202	0.241324503	85.04%	0.517581346	7.42%		
过滤水壶	14,099	0.221845475	73.05%	0.444004015	7.03%		
过滤器 自来水 家用	13,593	0.212909492	69.64%	0.423102595	9.10%		
净水机家用	13,423	0.209907285	75.46%	0.458838664	3.41%		
沁园官方旗舰店	13,143	0.204962472	75.46%	0.458804828	1.02%	[illegible]	[illegible]
过滤器 自来水	12,864	0.20003532	68.50%	0.416124678	9.45%	0.189071986	0.805231984
沁园净水器滤芯	11,856	0.182233996	70.13%	0.426110443	8.52%	0.170435611	0.778780049
3m净水器	11,589	0.177518764	72.53%	0.440842678	3.17%	0.063348416	0.681709858
海尔净水器	11,465	0.175328918	66.93%	0.406456865	3.97%	0.079467157	0.66125294
美的净水器	11,460	0.175240618	40.08%	0.241747117	3.63%	0.072671756	0.489659491
史密斯净水器	11,307	0.172538631	79.75%	0.485124705	1.54%	0.03072274	0.688386076
滤水器	10,842	0.164326711	72.56%	0.441002214	8.60%	0.171918187	0.777247112
沁园	10,691	0.161660044	89.49%	0.544900742	3.00%	0.059920514	0.766481299
净化器家用水	10,494	0.158181015	66.88%	0.406163035	4.17%	0.083381254	0.647725304
沁园净水器	10,381	0.15618543	47.84%	0.289353642	2.77%	0.055392636	0.500931709

图 2-13

步骤 14　为了让分值显示更加清晰，我们选中“综合分值”列，依次单击“条件格式”→“数据条”→“渐变填充”，选择最后一个紫色数据条，形成一个如图 2-14 所示的综合分值的色阶表。

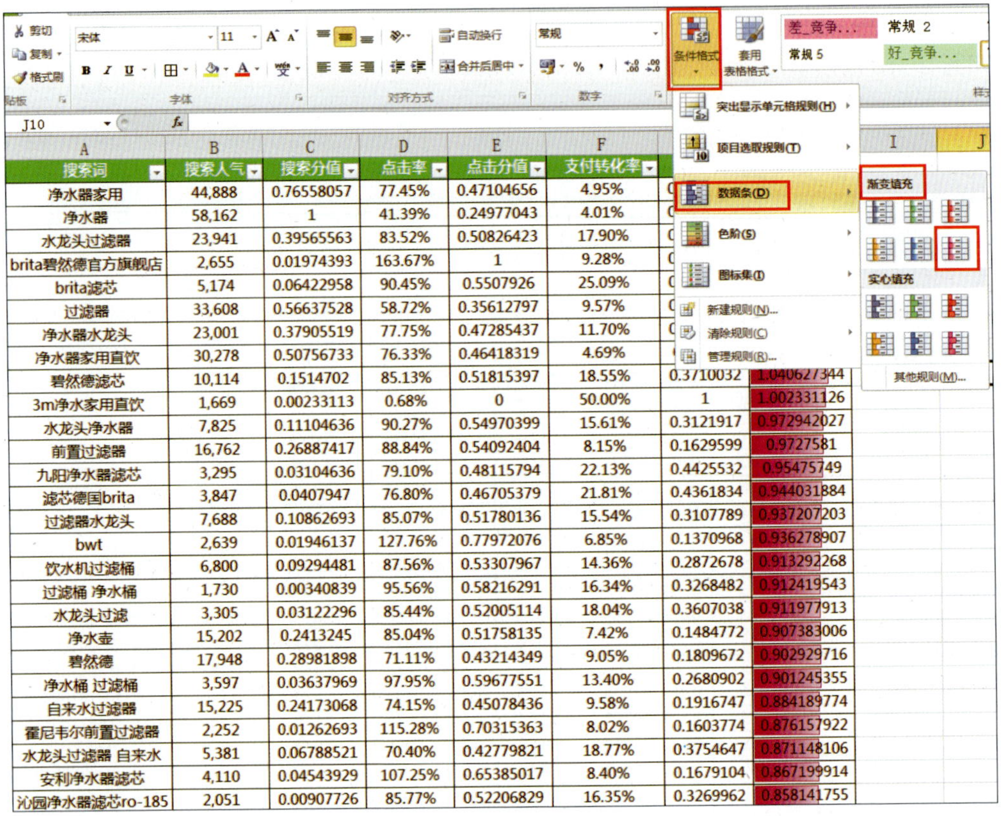

搜索词	搜索人气	搜索分值	点击率	点击分值	支付转化率		
净水器家用	44,888	0.76558057	77.45%	0.47104656	4.95%		
净水器	58,162	1	41.39%	0.24977043	4.01%		
水龙头过滤器	23,941	0.39565563	83.52%	0.50826423	17.90%		
brita碧然德官方旗舰店	2,655	0.01974393	163.67%	1	9.28%		
brita滤芯	5,174	0.06422958	90.45%	0.5507926	25.09%		
过滤器	33,608	0.56637528	58.72%	0.35612797	9.57%		
净水器水龙头	23,001	0.37905519	77.75%	0.47285437	11.70%		
净水器家用直饮	30,278	0.50756733	76.33%	0.46418319	4.69%		
碧然德滤芯	10,114	0.1514702	85.13%	0.51815397	18.55%	0.3710032	1.040627344
3m净水家用直饮	1,669	0.00233113	0.68%	0	50.00%	1	1.002331126
水龙头净水器	7,825	0.11104636	90.27%	0.54970399	15.61%	0.3121917	0.972942027
前置过滤器	16,762	0.26887417	88.84%	0.54092404	8.15%	0.1629599	0.9727581
九阳净水器滤芯	3,295	0.03104636	79.10%	0.48115794	22.13%	0.4425532	0.95475749
滤芯德国brita	3,847	0.0407947	76.80%	0.46705379	21.81%	0.4361834	0.944031884
过滤器水龙头	7,688	0.10862693	85.07%	0.51780136	15.54%	0.3107789	0.937207203
bwt	2,639	0.01946137	127.76%	0.77972076	6.85%	0.1370968	0.936278907
饮水机过滤桶	6,800	0.09294481	87.56%	0.53307967	14.36%	0.2872678	0.913292268
过滤桶 净水桶	1,730	0.00340839	95.56%	0.58216291	16.34%	0.3268482	0.912419543
水龙头过滤	3,305	0.03122296	85.44%	0.52005114	18.04%	0.3607038	0.911977913
净水壶	15,202	0.2413245	85.04%	0.51758135	7.42%	0.1484772	0.907383006
碧然德	17,948	0.28981898	71.11%	0.43214349	9.05%	0.1809672	0.902929716
净水桶 过滤桶	3,597	0.03637969	97.95%	0.59677551	13.40%	0.2680902	0.901245355
自来水过滤器	15,225	0.24173068	74.15%	0.45078436	9.58%	0.1916747	0.884189774
霍尼韦尔前置过滤器	2,252	0.01262693	115.28%	0.70315363	8.02%	0.1603774	0.876157922
水龙头过滤器 自来水	5,381	0.06788521	70.40%	0.42779821	18.77%	0:3754647	0.871148106
安利净水器滤芯	4,110	0.04543929	107.25%	0.65385017	8.40%	0.1679104	0.867199914
沁园净水器滤芯ro-185	2,051	0.00907726	85.77%	0.52206829	16.35%	0.3269962	0.858141755

图 2-14

步骤 15 根据以上表格汇总，选择最近 7 天内综合分值最高的关键词，如图 2–15 所示。

步骤 16 我们在找寻行业热词榜的时候，综合评分很高的关键词会包含某个品牌的关键词，此类关键词属于专属的品牌产品，我们可以删除掉忽略不计；在筛选适合自己店铺宝贝的关键词时，我们要考虑到关键词自身的搜索人气值。比如，目前我们搜索人气最高的关键词是“净水器”，数值为 58 162，关键词搜索人气最低值不能小于关键词搜索人气最高值的 10%，即关键词搜索人气最低值≥ 58 162 × 10%=5816。所以，我们所选的关键词搜索人气最低值要大于等于 5816，这样选取宝贝的关键词搜索人气权重相对比较高，会更加符合淘宝搜索引擎的优先展示原则，如图 2-16 所示。

搜索词	搜索人气	搜索分值	点击率	点击分值	支付转化率	转化分值	综合分值
净水器家用	44,888	0.765580574	77.45%	0.471046561	4.95%	0.099014327	1.335641462
净水器	58,162	1	41.39%	0.24977043	4.01%	0.08021851	1.32998894
水龙头过滤器	23,941	0.395655629	83.52%	0.508264229	17.90%	0.358008738	1.261928596
brita碧然德官方旗舰店	2,655	0.019743929	163.67%	1	9.28%	0.185639229	1.205383159
brita滤芯	5,174	0.064229581	90.45%	0.550792605	25.09%	0.501756852	1.116779037
过滤器	33,608	0.566375276	58.72%	0.356127973	9.57%	0.191333175	1.113836424
净水器水龙头	23,001	0.379055188	77.75%	0.472854373	11.70%	0.234077524	1.085987084
净水器家用直饮	30,278	0.507567329	76.33%	0.46418319	4.69%	0.093872001	1.06562252
碧然德滤芯	10,114	0.151470199	85.13%	0.518153972	18.55%	0.371003173	1.040627344
3m净水家用直饮	1,669	0.002331126	0.68%	0	50.00%	1	1.002331126
水龙头净水器	7,825	0.111046358	90.27%	0.549703985	15.61%	0.312191684	0.972942027
前置过滤器	16,762	0.268874172	88.84%	0.540924044	8.15%	0.162959884	0.9727581
九阳净水器滤芯	3,295	0.031046358	79.10%	0.481157941	22.13%	0.442553191	0.95475749
滤芯德国brita	3,847	0.040794702	76.80%	0.467053787	21.81%	0.436183395	0.944031884
过滤器水龙头	7,688	0.108626932	85.07%	0.517801358	15.54%	0.310778914	0.937207203
bwt	2,639	0.019461369	127.76%	0.779720764	6.85%	0.137096774	0.936278907
饮水机过滤桶	6,800	0.092944812	87.56%	0.533079672	14.36%	0.287267784	0.913292268
过滤桶 净水桶	1,730	0.003408389	95.56%	0.582162906	16.34%	0.326848249	0.912419543
水龙头过滤	3,305	0.031222958	85.44%	0.520051143	18.04%	0.360703812	0.911977913
净水壶	15,202	0.241324503	85.04%	0.517581346	7.42%	0.148477157	0.907383006
碧然德	17,948	0.289818985	71.11%	0.432143493	9.05%	0.180967239	0.902929716
净水桶 过滤桶	3,597	0.036379691	97.95%	0.59677551	13.40%	0.268090154	0.901245355
自来水过滤器	15,225	0.241730684	74.15%	0.450784356	9.58%	0.191674734	0.884189774
霍尼韦尔前置过滤器	2,252	0.012626932	115.28%	0.703153631	8.02%	0.160377358	0.876157922
水龙头过滤器 自来水	5,381	0.06788521	70.40%	0.427798213	18.77%	0.375464684	0.871148106
安利净水器滤芯	4,110	0.045439294	107.25%	0.653850172	8.40%	0.167910448	0.867199914
沁园净水器滤芯ro-185	2,051	0.009077263	85.77%	0.522068294	16.35%	0.326996198	0.858141755
小米净水器	10,222	0.153377483	102.71%	0.626031959	3.16%	0.063218391	0.842627833
碧水源净水器 滤芯	1,727	0.003355408	73.14%	0.444606561	19.68%	0.393574297	0.841536267
过滤桶 饮水机	3,845	0.040759382	86.52%	0.526644015	13.68%	0.273504274	0.840907671

图 2-15

搜索词	搜索人气	搜索分值	点击率	点击分值	支付转化率	转化分值	综合分值
碧然德净水壶	6,298	0.08407947	74.52%	0.453065254	6.33%	0.126642772	0.663787496
美的净水器家用	6,188	0.082136865	74.05%	0.450153335	2.95%	0.05893186	0.59122206
反渗透净水器	6,141	0.081306843	92.21%	0.561580935	3.38%	0.067605634	0.710493412
安利净水器	5,958	0.078075055	83.00%	0.50509642	1.14%	0.022714981	0.605886457
净水桶	5,939	0.077739514	55.05%	0.33356295	9.77%	0.195335277	0.606637741
霍尼韦尔	5,876	0.076626932	73.00%	0.443698908	7.03%	0.14050494	0.660830779
莱克碧云泉净水器	5,833	0.07586755	83.99%	0.511125802	0.44%	0.008767123	0.595760475
过滤水龙头	5,824	0.075708609	82.17%	0.499993055	12.36%	0.247139588	0.822841253
净水机家用 自来水	5,808				3.60%	0.07204611	0.556424945
安之星净水器	5,795				13.06%	0.261103634	0.75271589
净化器家用水 过滤器	5,755	0.074490066	62.13%	0.377028085	5.44%	0.108877722	0.560395873
自来水过滤器家用	5,694	0.073412804	71.75%	0.436074643	9.27%	0.185489903	0.694977349
沁园净水器家用	5,456	0.069209713	72.07%	0.438015461	3.26%	0.065136936	0.57236211
纯水机	5,447	0.069050773	80.69%	0.490904176	3.30%	0.066052227	0.626007176
水龙头过滤器 自来水	5,381	0.06788521	70.40%	0.427798213	18.77%	0.375464684	0.871148106
龙头净水器	5,368	0.067655629	80.41%	0.489168377	12.55%	0.250939144	0.80776315
飞利浦净水器	5,355	0.067426049	81.40%	0.495253825	5.29%	0.105820106	0.66849998
饮水机桶 过滤桶 家用	5,323	0.066860927	72.93%	0.443266363	12.01%	0.240134341	0.750261631
家用净水器 自来水	5,296	0.066384106	75.77%	0.460704381	6.21%	0.124108417	0.651196904
道尔顿净水器	5,231	0.065236203	71.19%	0.432639287	1.95%	0.039007092	0.536882583
立升净水器	5,189	0.064494481	62.25%	0.377743767	2.80%	0.055944056	0.498182304
brita滤芯	5,174	0.064229581	90.45%	0.550792605	25.09%	0.501756852	1.116779037
浩泽净水器	5,134	0.063523179	83.47%	0.507957737	0.55%	0.010954617	0.582435532
前置过滤器反冲洗	5,125	0.063364238	88.97%	0.541704531	11.77%	0.235476375	0.840545145
净水器水龙头 家用	5,095	0.062834437	60.65%	0.367955063	10.46%	0.209205021	0.639994521
自来水过滤器家用 水龙头	5,079	0.062551876	62.76%	0.380888126	12.37%	0.247379455	0.690819457
净水器家用 史密斯	5,008	0.061298013	41.86%	0.252675576	0.14%	0.002770083	0.316743672
汉斯顿净水器	4,967	0.060573951	69.06%	0.419566151	3.76%	0.075160403	0.555300506
水龙头过滤器 净水器	4,923	0.059796909	79.09%	0.481099971	12.94%	0.258883249	0.79978013
直饮机	4,829	0.058136865	61.24%	0.37155008	1.41%	0.028116214	0.457803159
饮水机过滤桶 净水器一体	4,807	0.057748344	66.48%	0.403689978	5.09%	0.101790763	0.563229086
净水器家用直饮自来水 水龙头	4,802	0.057660044	67.70%	0.411209635	8.02%	0.160493827	0.629363506
进水器过滤器 家用	4,626	0.054551876	59.35%	0.359971746	3.34%	0.066740823	0.481264446
水过滤器家用	4,597	0.054039735	69.61%	0.422947913	7.23%	0.144508671	0.621496319
过滤饮水机	4,582	0.053774834	77.47%	0.47114334	2.96%	0.059130435	0.584048609

低于5816的关键词暂时删除

图 2-16

步骤 17 经过整理，我们把搜索人气大于 5816 的关键词留存，再找出包含品牌的关键词进行删除，最终结果如图 2–17 所示。

初期标题：如果产品包含综合分值排名前 30 的关键词，应尽量植入或者替换，首选。

中期标题：尽量选择综合分值排名前 10 的关键词。

爆款标题：选择搜索人气取值≥搜索人气最高值 ×20%（58 162×20%=11 632）且综合排名靠前的关键词。

搜索词	搜索人气	搜索分值	点击率	点击分值	支付转化	转化分值	综合分值
水龙头过滤器	23,941	0.346353669	83.52%	0.893325375	17.90%	1	2.239679044
水龙头净水器	7,825	0.038526187	90.27%	0.976236919	15.61%	0.86969497	1.884458077
净水器家用	44,888	0.746456813	77.45%	0.81886127	4.95%	0.263412382	1.828730465
过滤器水龙头	7,688	0.035909386	85.07%	0.912407004	15.54%	0.865677011	1.81399340l
净水器水龙头	23,001	0.328398976	77.75%	0.822478291	11.70%	0.647536032	1.798413298
饮水机过滤桶	6,800	0.018947931	87.56%	0.942975442	14.36%	0.798810676	1.760734049
过滤器	33,608	0.531000497	58.72%	0.588935263	9.57%	0.525969865	1.645905625
前置过滤器	16,762	0.209229476	88.84%	0.958670251	8.15%	0.4452754	1.613175127
净水器	58,162	1	41.39%	0.376137964	4.01%	0.209956535	1.586094499
过滤水龙头	5,824	0.000305612	82.17%	0.876776634	12.36%	0.684684922	1.561767167
净水器家用直饮	30,278	0.467395041	76.33%	0.805129223	4.69%	0.248787457	1.521311722
净水壶	15,202	0.179432326	85.04%	0.91196681	7.42%	0.404086107	1.495485243
自来水过滤器	15,225	0.179871643	74.15%	0.778321198	9.58%	0.526941267	1.485134108
滤水壶	8,829	0.057703327	90.05%	0.973533099	7.28%	0.395974488	1.427210914
过滤器 自来水 家用	13,593	0.14869924	69.64%	0.722936278	9.10%	0.499193431	1.370828948
过滤器 自来水	12,864	0.134774802	68.50%	0.708975049	9.45%	0.519538977	1.363288828
滤水器	10,842	0.096153112	72.56%	0.758749353	8.60%	0.470753075	1.325655539
过滤水壶	14,099	0.158364213	73.05%	0.764755273	7.03%	0.381762502	1.304881988
家用净水器	7,007	0.022901784	85.43%	0.916777759	6.45%	0.348700312	1.288379855
前置净水器	6,691	0.016865951	84.52%	0.905589723	6.55%	0.354468673	1.276924347
反渗透净水器	6,141	0.006360546	92.21%	1	3.38%	0.174085148	1.180445693
净水	7,760	0.037284639	80.30%	0.853863401	5.39%	0.288240132	1.179388172
净水器家用厨房	6,905	0.020953509	72.84%	0.762243266	6.74%	0.36535039	1.148547165
净水机家用	13,423	0.145452114	75.46%	0.794436038	3.41%	0.175590377	1.11547853
净水桶	5,939	0.002502197	55.05%	0.543787775	9.77%	0.537351958	1.08364193
净水器家用直饮自来水	8,056	0.042938457	63.52%	0.647864219	6.75%	0.365955611	1.056758288
净化器家用水	10,494	0.089506055	66.88%	0.689044064	4.17%	0.218951468	0.997501587
软水机	7,622	0.034648737	81.75%	0.871649366	1.75%	0.081229508	0.987527612
过滤器 净水器	6,308	0.009550369	58.56%	0.586887105	6.19%	0.333910681	0.930348155
净水器家用直饮 净水机	6,447	0.012205371	63.38%	0.646135568	4.25%	0.223778583	0.882119522

图 2-17

2.5　手机淘宝关键词布局注意点

我们在进行手机淘宝关键词布局时需注意以下几点。

（1）每个商品宝贝只针对 3 ~ 5 个核心关键词，不需要过多，在初期标题组合中，尽量把主推关键词放在前 8 个字内（一个标题是 60 个字符，由 30 个字组成，放在最前面的 8 个字内），只要是正常的商品，在同等权重的情况下会被淘宝搜索引擎第一时间选取。

（2）避免关键词内部竞争，也就是内耗。每个店铺都有很多同类型的商品宝贝，对于通过数据整合最终得出的几个核心关键词，经常有人重复使用在同款式商品中。殊不知，按照淘宝的展现逻辑规则：① 同款式的商品在同一个页面中最多可以出现 4 个；

② 同一个卖家的产品在同一个页面中最多可以出现两个同款式的商品。也就是说，一个关键词在淘宝的同一页面展现，同一个卖家最多可以展现 2 个宝贝。如果要继续养同样的关键词宝贝，则第三个宝贝在同一页面中会替换第一个或者第二个宝贝的关键词，权重相对低的宝贝的关键词退居到下一个页面。所以，我们在进行关键词布局时，要尽量把每个宝贝的关键词重新分布布局，尽量做到多关键词布局宝贝。

（3）关键词排名决定了一个店铺的健康发展，很多时候，我们的宝贝流量很多，店铺一下子有了起色，但我们却不知道是哪个宝贝发力或者哪个关键词成交的力度比较大。这时候，就需要我们的运营团队做好关键词数据的跟踪。初期标题考虑到新品上架，一般是 3 天跟踪一次排名，而中期标题和爆款标题一般都是 7 天更新一次排名。当然，每个宝贝对应的主推关键词一定要定时监测，使主推关键词时刻保持上升增速，这样对店铺整体的销量有非常大的帮助。

第3章

移动电商的逻辑思维和技巧

3.1 电商运营的3种关键性思维方式

3.1.1 杠杆化思维

电商运营其实是由许多琐碎的小事构成的，更准确的表述应该为：运营是一项有层次感的工作，很多时候，你需要先做好一些琐碎的小事，然后再以此为杠杆点，去撬动更多大事的发生。

例如，某个作者先出版一本关于电商运营知识的书籍，让购书的读者受益，然后再以此为杠杆点，去撬动各位读者朋友日后帮忙进行个人品牌传播的意愿。

又如，要做店铺的上新宝贝活动，先靠直通车推广或者老会员 CRM 引流，做好前期基础销量和评价，再以此为杠杆点，去撬动更多用户的购买意愿。

所以，一个优秀的电商运营人员，应该以结果为导向，熟练掌握（灵活运用）*N* 个“杠杆点”。

所谓杠杆，是指外在的资源、方法、技巧和运营者内在的“弹药库”。

充足的“运营弹药库” = 学习能力 + 对淘宝规则的洞察能力 +
对店铺的高敏感度 + 懂整合借势 + 运营实操能力

① 学习能力：学习能力是指一个人、一个企业或一个组织学习的动力、毅力和能力的综合体现，是把知识资源转化为知识资本的能力，也是一切行业的核心能力。一个优秀的运营人员时刻都在学习，与时俱进。

② 对淘宝规则的洞察能力：必须学会对淘宝规则保持高度敏感。在淘宝首页右侧登录框下方有一个公告栏每天轮播，同时也在不定时地调整淘宝规则，我们可以通过公告或规则来了解淘宝现阶段的宗旨和方针，避免店铺遭遇损失。

③ 对店铺的高敏感度：店铺运营人员每天早上查看站内信，了解店铺的实时流量，针对主推宝贝的几个核心关键词进行数据跟踪，最终确定今天店铺的工作重心。

④ 懂整合借势：整合就是把店铺的工作环节与流程化的思维相结合，每个环节

都有负责人，分工明确；借势就是根据店铺的优缺点，寻找适合自己店铺发展的合作渠道。

⑤ 运营实操能力：运营实操能力是一个运营人员的基本能力，需要有全局思维，针对店铺的所有工作流程做好部署和优化，并在运营中逐步完善细节和提高应对突发事件的能力。

3.1.2 流程化思维

作为电商运营人员，在拿到店铺的第一时间内要形成一套流程，然后再从流程中去寻找解决方案。这也是资深运营人员和普通运营人员之间存在的核心差别。

例如，你将要接手一家天猫店铺，那么你可能会先思考一下目前店铺的整体情况如何，并通过数据了解店铺前期的经营状况，以及进行店铺搜索流量分析，店铺营销分析，店铺整体布局分析，产品属性、款式、定价分析，团队管理分析等。

而我是这样做的：先回归到流程化思维，如图 3-1 所示，一目了然。

然后，基于店铺分析点的框架，找到具体的运营环节，确定细节的重要程度，最终分析店铺权重，如图 3-2 所示。

也就是说，电商运营先要有流程化思维，再找出解决方案。拿到店铺后，电商运营人员一般遵循以下三个思考步骤：

① 界定工作、确定逻辑（我要做什么）。

② 思维导图、梳理细节（整理店铺问题所在）。

③ 制定策略、分解任务（执行解决问题）。

店铺分析点
流量分析
下架时间分析
销量增长率
流量来源解析
搜索分析
营销分析
活动策划
规划
方法
销售数据分析
客户分析
破零及营销计划
标题打造
营销的感觉
布局分析
店铺定位
店铺装修
首图要素
详情页排版
产品分析
单款宝贝运营数据分析
SKU规划
产品属性
产品卖点
产品类目
选款策略
产品上架
款式计划
产品生命周期
库存周期优化
管理分析
团队管理
绩效考核
客服话术
物流与发货
店铺数据
数据收集
四大流量
首页数据
跳失率
访问时间
点击情况
收藏数据
订单数据
拍下支付率
退款数据
客服数据
咨询成交率
宝贝页数据
DSR数据监控
行业数据对比
转化率
数据化诊断
全店
单品
首页
地域销售数据
市场分析
竞争环境分析
市场容量分析
细分市场分析
类目市场分析
分析工具
背景分析
企业背景
店铺基本情况分析
时间
业绩
流量
转化
销量
投产
资金量
预期数值
店铺基础数据呈现
团队基本情况
人数
各自擅长
短板
管理能力
执行能力

图 3-1

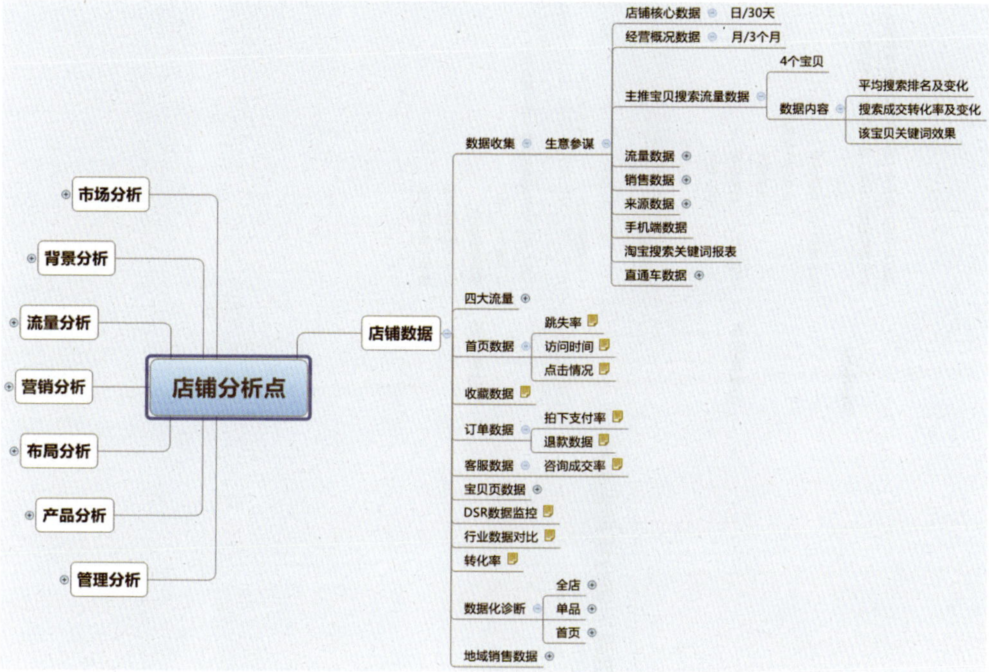

图 3-2

3.1.3 精细化思维

具备流程化思维后，必然要有精细化思维和精细化管理相辅，即把问题分解为无数个可执行的细节，并且能够对所有细节进行掌控和管理。

继续上面的例子，我们直接看图 3–3（1）~图 3–3（3）。

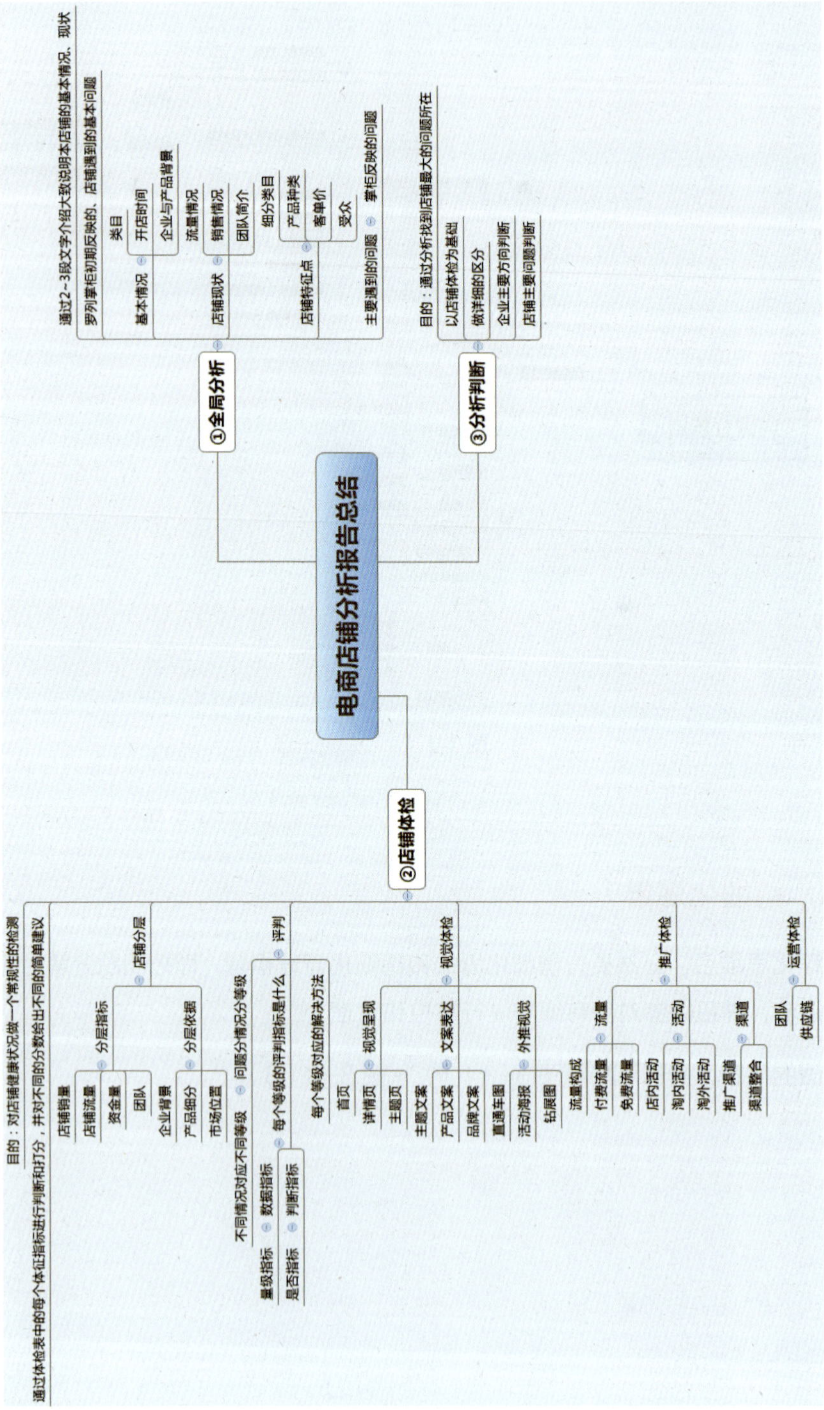
电商店铺分析报告总结
①全局分析
通过2~3段文字介绍大致说明本店铺的基本情况、现状
罗列掌柜初期反映的、店铺遇到的基本问题
基本情况
类目
开店时间
企业与产品背景
店铺现状
流量情况
销售情况
团队简介
店铺特征点
细分类目
产品种类
客单价
受众
主要遇到的问题
掌柜反映的问题
②店铺体检
目的：对店铺健康状况做一个常规性的检测
通过体检表中的每个体征指标进行判断和打分，并对不同的分数给出不同的简单建议
店铺分层
分层指标
店铺销量
店铺流量
资金量
团队
分层依据
企业背景
产品细分
市场位置
评判
问题分情况分等级
不同情况对应不同等级
数据指标
量级指标
判断指标
是否指标
每个等级的评判指标是什么
每个等级对应的解决方法
视觉体检
视觉呈现
首页
详情页
主题页
文案表达
主题文案
产品文案
品牌文案
外推视觉
直通车图
活动海报
钻展图
推广体检
流量
流量构成
付费流量
免费流量
活动
店内活动
淘内活动
淘外活动
渠道
推广渠道
渠道整合
运营体检
团队
供应链
③分析判断
目的：通过分析找到店铺最大的问题所在
以店铺体检为基础
做详细的区分
企业主要方向判断
店铺主要问题判断

图 3-3（1）

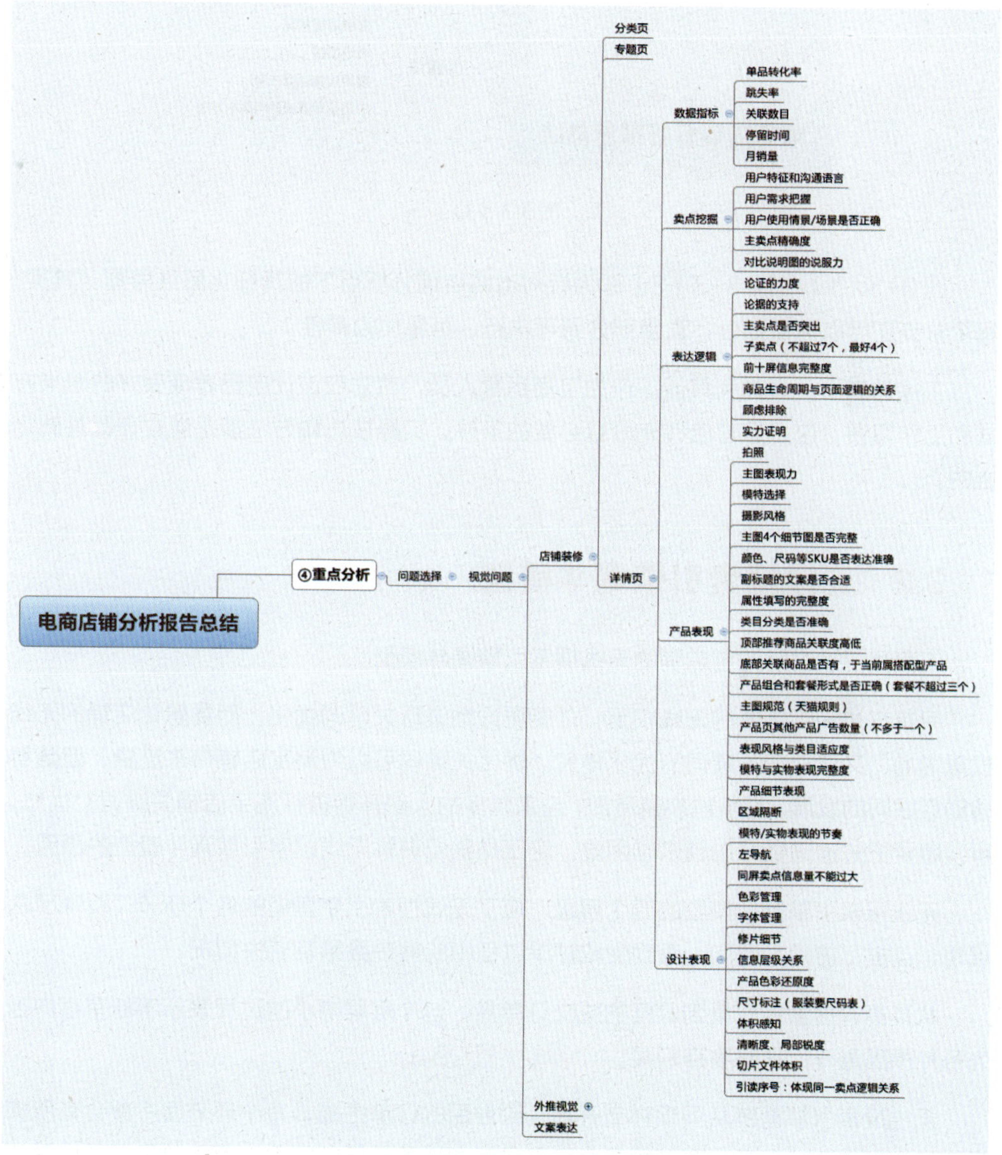
电商店铺分析报告总结
④重点分析
问题选择
视觉问题
店铺装修
分类页
专题页
详情页
数据指标
单品转化率
跳失率
关联数目
停留时间
月销量
卖点挖掘
用户特征和沟通语言
用户需求把握
用户使用情景/场景是否正确
主卖点精确度
对比说明图的说服力
表达逻辑
论证的力度
论据的支持
主卖点是否突出
子卖点（不超过7个，最好4个）
前十屏信息完整度
商品生命周期与页面逻辑的关系
顾虑排除
实力证明
产品表现
拍照
主图表现力
模特选择
摄影风格
主图4个细节图是否完整
颜色、尺码等SKU是否表达准确
副标题的文案是否合适
属性填写的完整度
类目分类是否准确
顶部推荐商品关联度高低
底部关联商品是否有，于当前属搭配型产品
产品组合和套餐形式是否正确（套餐不超过三个）
主图规范（天猫规则）
产品页其他产品广告数量（不多于一个）
表现风格与类目适应度
模特与实物表现完整度
产品细节表现
区域隔断
设计表现
模特/实物表现的节奏
左导航
同屏卖点信息量不能过大
色彩管理
字体管理
修片细节
信息层级关系
产品色彩还原度
尺寸标注（服装要尺码表）
体积感知
清晰度、局部锐度
切片文件体积
引读序号：体现同一卖点逻辑关系
外推视觉
文案表达

图 3-3（2）

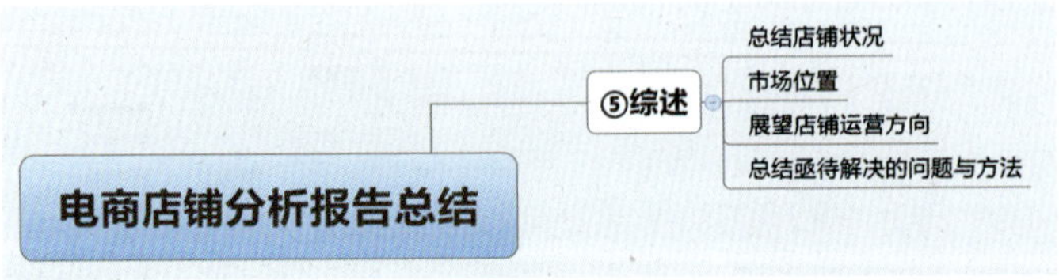

图 3-3（3）

图 3-3（1）~ 图 3-3（3）即为针对电商店铺分析点下的精细化思维导图。其实，每个分支还可以再做细分，直至细分到可执行、可量化为最佳。

工欲善其事，必先利其器。作为电商运营人员，首先应该让自己养成良好的思维方式和工作习惯，这是运营店铺充分且必要的条件，实操技巧和方法都是建立在此基础之上的。

3.2 无线搜索引擎漏斗模型

下面我们来讲解淘宝店铺的无线搜索引擎漏斗模型。

只有增加淘宝店铺的无线权重，才能更好地进行关键词优化，而要想让店铺的无线权重增加，又离不开关键词的优化排名。优化关键词可以为淘宝店铺带来流量，但随着移动互联网的发展，竞争越来越激烈，越来越多的人都开始进行淘宝店铺关键词的优化，所以想要把关键词做好也越来越困难。这正是我们讲解无线搜索引擎漏斗模型的原因。

无线搜索引擎漏斗模型的五个层级对应了无线搜索引擎营销的各个环节，反映了从展现、点击、访问、咨询，直到生成订单过程中的客户数量及流失情况。

从最高的搜索展现量到最低的成交订单量，这个层层缩小的过程表示不断有客户因为各种原因离开，从而放弃购买。

无线搜索引擎营销从展现环节开始，到最后的订单生成，每个环节客户都会有所流失。作为电商运营人员，要做的就是保证最后的订单量尽可能大。而订单量是整个漏斗模型中最低的层级，因此，要想达到增加淘宝店铺销量的目的，就必须保证订单量上面的每一层级都尽可能大，并保证无线搜索引擎漏斗模型的每个层级的流失率尽可能小。

3.3 无线搜索引擎漏斗模型层级构成要素

无线搜索引擎漏斗模型层级构成要素如图 3-4 所示。

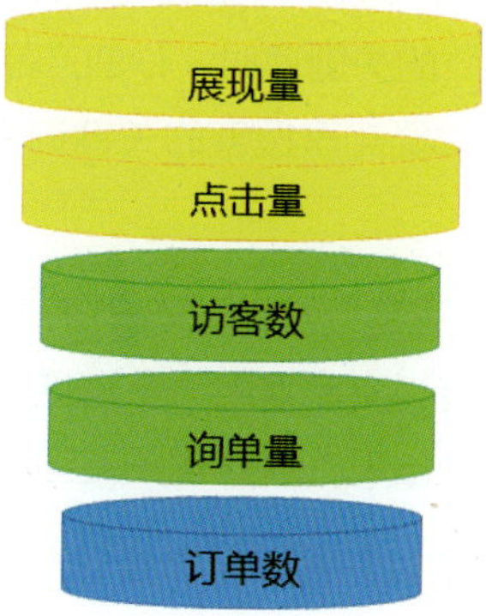

图 3-4

1. 展现量

展现量，即店铺的商品信息被展现在搜索结果页的次数，关键词搜索的展现次数。

影响展现量的因素如下。

（1）关键词的数量和质量：关键词越多，商品被触发的可能性越大，展现量越高。而淘宝的搜索关键词最多显示 30 个汉字，即 60 个字符，所以在组合关键词时也要考虑到关键词的质量，尽量选择质量好的关键词。

（2）关键词的搜索人气：关键词的搜索人气越高，说明搜索该关键词的访客数越多，展现量越高。

（3）关键词的匹配方式：淘宝直通车关键词有三种匹配方式，店铺在不同的操作账户推广不同的产品时需要采用不同的推广策略，关键词的匹配方式也会有所不同。下面对这三种匹配方式进行详细解析。

① 广泛匹配。我们直接举例说明，针对“淘宝天猫电商运营书籍”这个关键词，如果设置为广泛匹配，那么当有人搜索“淘宝”“电商”“运营”“电商运营书籍”“电商

运营”等关键词时，你的产品都会出现，但关键词的排名就不得而知了，展现量相对来说比较低。

② 中心词匹配。以“电商运营”这个关键词来举例，如果你添加该关键词并设置匹配方式为中心词匹配，那么当买家搜索“淘宝电商运营书籍”“天猫电商运营书籍”“电商运营案例”等包含“电商运营”的关键词时，你的产品都会出现，但关键词的排名并不确定。中心词匹配，也就是说，只要买家搜索的关键词中包含你所设置的这个关键词，那么你的产品就会出现。

③ 精准匹配。还是以“电商运营”这个关键词来举例，如果你添加该关键词并设置匹配方式为精准匹配，那么只有当买家搜索“电商运营”这个关键词时你的产品才会出现，多一个字或少一个字都不会出现，这时候关键词的排名是确定的。

（4）关键词排名：关键词排名越靠前，展现量越高。

2. 点击量

点击量，是指用户点击店铺宝贝信息链接的次数，即访客在淘宝或天猫进行关键词搜索，商品曝光展示后，被点击的次数。

影响点击量的因素如下。

（1）关键词排名：关键词排名越靠前，越容易引起访客的注意，点击量越高。

（2）店铺结构：店铺宝贝关键词的布局越合理，关键词质量度越高，排名越靠前，点击量越高。

（3）店铺主图创意质量：店铺主图创意质量越高，对访客的吸引力越大，点击量越高。

3. 访客数

访客数，即访问店铺页面或宝贝详情页的去重人数。一个人在统计时间范围内访问多次只记为一个，所有终端访客数为 PC 端访客数和无线端访客数相加去重。

影响访客数的因素：这主要看店铺平时的内功，如产品标题、产品属性功能、宝贝主图创意是否吸引眼球、店铺首页的整体布局、宝贝详情页的描述、宝贝的产品价格及店铺优惠力度是否能打动访客等，增加访客在店铺的停留时间，减少店铺页面的跳失率。

4. 询单量

询单量，是指在客户与淘宝客服沟通的过程中，客户询问商品信息，客服应答客户并做相应商品推荐的询单记录次数。

影响询单量的因素如下。

（1）店铺的整体装修情况、宝贝价格及优惠力度、宝贝详情页的描述质量，单个宝贝的成交量及宝贝评价也直接影响询单量。

（2）客服对产品本身专业知识的了解，以及客服的基本素质和修养。

（3）客服话术和沟通技巧。

（4）客服的响应时间（一般不超过 6 秒）。

（5）客服导购和推荐关联商品的能力（七分问，三分听，及时准确地了解买家的需求）。

（6）宝贝的发货及到货时间。

（7）跟进催付（对于未下单及未付款的用户要及时跟进）。

① 当日原则：在当天发货截止前，对当天拍下未付款的买家进行通知（旺旺留言）。

② 24 小时原则：对于第一天拍下未付款的买家，在第二天进行一次催款（旺旺留言）。

③ 48 小时原则：对于拍下 2 天未付款的买家，通过电话进行沟通，看其是否还需要商品。

（8）良好的售后处理能力，如图 3-5 所示。

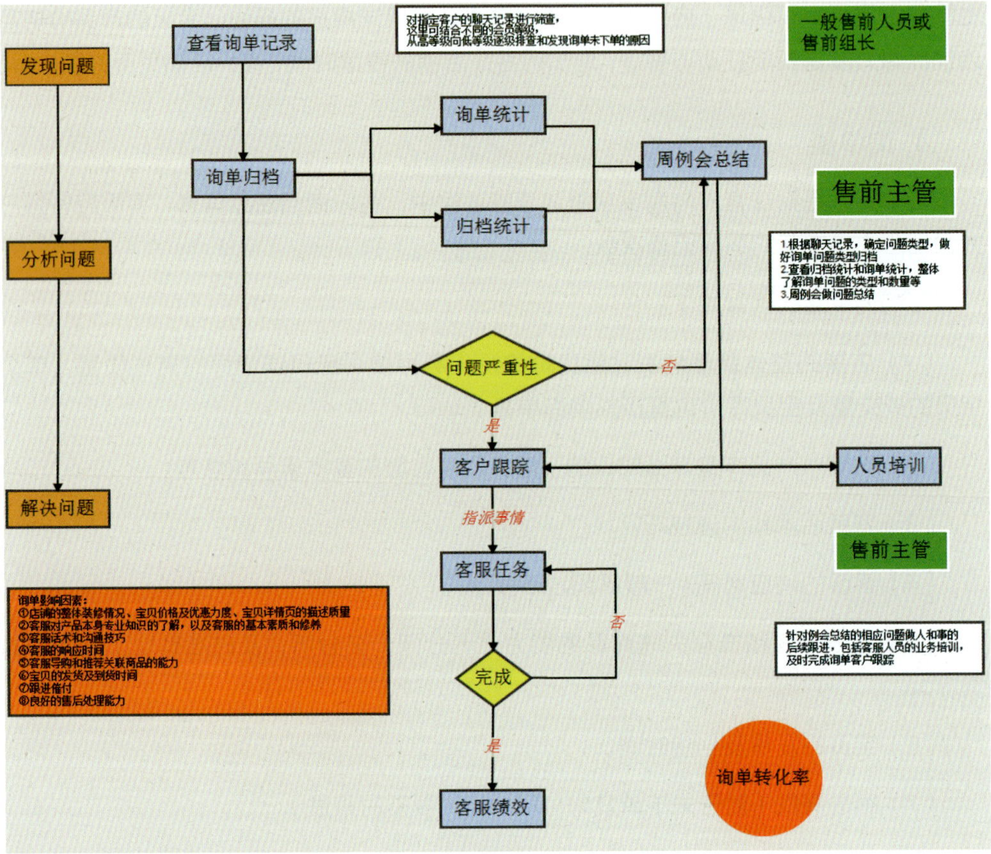

图 3-5

5. 订单数

订单数，即支付笔数。比如，某个买家在某个店铺购买了多个宝贝并一起下单支付，则订单后台会展现每个产品的单个 SKU 粒度下的支付记录，这就是一个子订单。

影响订单数的因素如下。

销售能力，简而言之，就是流量 + 转化率 + 自然排名。

① 流量：因为前期没有任何销量基础，所以基本通过推广得到更多的流量。

② 转化率：在提升流量的同时提高你店铺的转化率。

③ 自然排名：随着销量、收藏量等的不断提高，自然排名也会有所提升，最后能够获得更多的自然流量。

总的说来，无线搜索引擎漏斗模型适合应用于某些关键路径的转化率的分析总结，以确定整个店铺的运营流程是否合理、各工作步骤的优劣、是否存在店铺优化的空间等，尝试去了解客户购买产品的真正目的，为他们提供合理的访问路径或操作流程。

在无线搜索引擎漏斗模型中，各个环节相互联系，紧密相关，只有掌握了整个过程，以及其中的关键指标数据和其背后的影响因素，才能对大局有一个宏观把控，如图 3-6 所示。

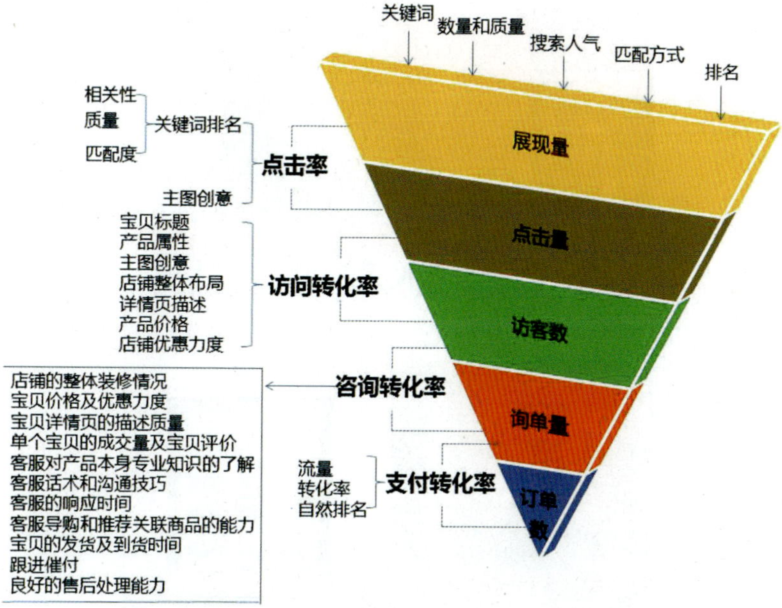

图 3-6

3.4　手机淘宝首页流量的构成

目前手机淘宝客户端是淘宝最大的流量入口，也是现在淘宝卖家的核心关注点。

3.4.1 手机淘宝首页流量的入口

访客通过手机淘宝客户端首页的广告 Banner 位、特色好货、淘抢购、每日好店、淘部落、猜你喜欢等板块，可以直接进入你的店铺页面或商品详情页。

这里主要着重分析“猜你喜欢”入口，因为这个入口进行人工干预比较方便，而且起效比较快。

在手机淘宝首页向下滑动屏幕，就会看到“猜你喜欢”板块，如图 3-7 所示。

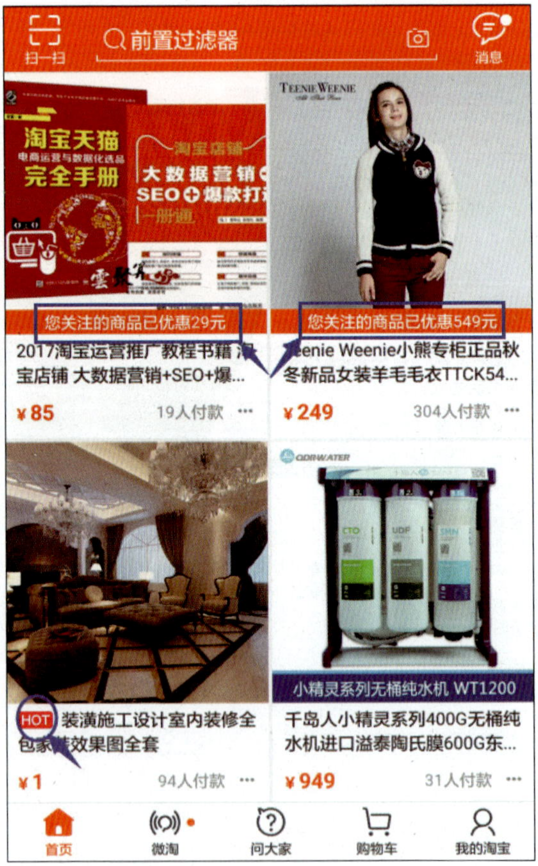

图 3-7

3.4.2　手机淘宝首页流量的五种展现形式

（1）标题左侧带有“HOT”标记（直通车定向推广）。

（2）主图上带有“您关注的商品已优惠 xx 元”字样。

（3）标题左侧带有“精选”标记。

（4）标题左侧带有“极有家”标记。

（5）标题左侧带有“聚划算”标记。

3.4.3　进入手机淘宝首页流量池的要求

“猜你喜欢”的宝贝达到以下几种要求后推荐入池的可能性会增大。

（1）卖家服务质量（DSR 动态评分、退款纠纷率）良好。

（2）商品质量得分（标题关键词、图片描述、属性等）良好。

（3）杜绝一切违规行为，尤其是虚假交易行为。

（4）无线人气权重较高。

（5）宝贝成交量高。

（6）新品及带有新品标记的宝贝更容易入池。

（7）人气高（同层级），重点考核点击率、加购率、收藏率、转化率、跳失率、回访复购率（特别重要，包含一次回访率、二次回访率）。

（8）热销区域价格带的宝贝。

（9）热销宝贝属性相似、风格相似。

（10）橱窗推荐、下架时间、人气类目、相关性。

下面我们重点解读一下进入手机淘宝流量池的指标要求，如图 3-8 所示。

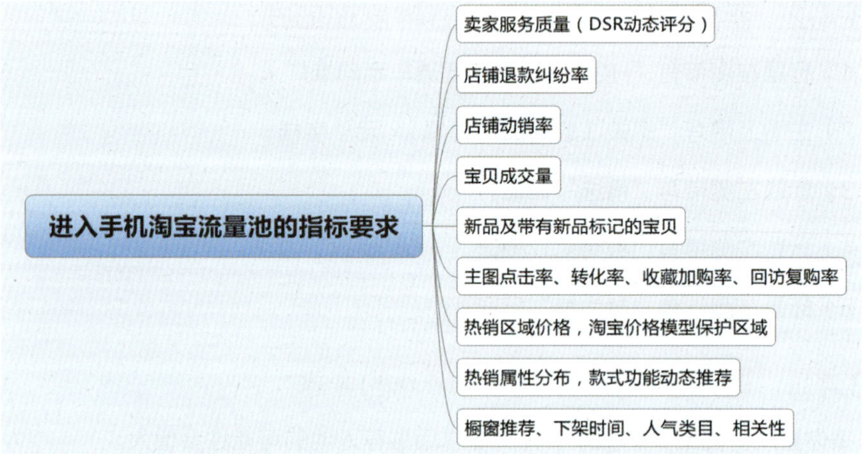

图 3-8

1. 卖家服务质量（店铺 DSR 动态评分）

DSR 动态评分直接可以反映出产品的质量和服务的好坏等，如果卖家做不好产品和服务，那么排名自然不会很高。很多人只注重技术，不注重细节。例如，之前有一个做渔具的商家，曾经其一个月的销售额是 60 万元左右，店铺做得风生水起。后来，他将自己工厂生产的一款库存产品放到自己店铺销售，但因为产品的质量存在问题，从而导致 DSR 评分一路下滑，由红变绿，最终跌至谷底。所以说，产品质量把控不到位，会直接影响客户的成交转化率。

2. 店铺纠纷退款率

店铺纠纷退款率，即近 30 天内，判定为卖家责任的纠纷退款笔数 / 支付宝支付子订单数。一笔成交可能会产生多笔退款，每笔退款最多产生一笔责任纠纷。退款包括售中和售后。

（1）近一个月人工介入退款成功笔数占店铺交易笔数的百分比不得超过 0.1%，或笔数不得超过 6 笔（数码类卖家不得超过 4 笔）。

（2）近 30 天纠纷退款率超过店铺所在主营类目的纠纷退款率均值的 5 倍，且纠纷退款笔数≥3笔的（主营类目的纠纷退款率均值，以卖家中心页面显示为准），限制参加营销活动。

售后服务综合指标由纠纷退款率、退款完结时长、退款自主完结率组成。

① 达标：售后服务综合指标排名高于行业末尾10%。

② 不达标：售后服务综合指标排名在行业末尾10%。

售后服务综合指标若不达标，则可能无法参加天猫平台营销活动。

3. 店铺动销率

店铺动销率，即店铺的健康指标，计算方式如下：

动销率 = 有销量的宝贝 / 在线销售的宝贝

同时，动销率与滞销率有关，滞销率 = 滞销商品数 / 全店宝贝数。淘宝对滞销商品目前的定义是：近90天，无编辑、无浏览、无成交的商品。这一类商品会被搜索引擎屏蔽，不会进入搜索库。店铺没有销售出去的产品越多，动销率越低。店铺动销率会直接影响店铺的权重。所以，针对店铺里30天没有销量的产品，可以先删除，然后再重新上架。

提升动销率的方法如下：

（1）新品上架可以利用老客户来破零。

（2）策划各种关联搭配活动。

4. 宝贝成交量

影响手机淘宝搜索排名最重要的指标就是宝贝成交量，这里的成交量必须是自然搜索、直通车、钻展带来的销量，而淘宝客和淘宝活动带来的销量权重相对来说较低。

同样成交一单，宝贝权重的大小排序为：自然搜索 > 直通车和钻展 > 淘宝客和淘宝活动。这也是很多高销量的宝贝排名没有低销量的宝贝排名靠前的原因。

宝贝的成交量最好每天都保持上升趋势，这样店铺的排名和流量就会持续上涨。如果店铺流量处于持续下滑状态，而又不做调整、不去优化转化率，也不用直通车去拉关键词质量分，那么店铺排名将会一滑到底。

5. 新品及带有新品标记的宝贝

所谓新品，就是淘宝系统自动对一定时期内全网卖家的新发商品打上新品标识。目前仅开放女装、女鞋、男鞋、箱包、饰品、童装、男装、服饰配件、3C 数码配件、玩具类目。

根据搜索排序方式，按照店铺的质量得分和商品质量得分综合评分，对所有新品做排序，店铺综合质量得分和商品质量得分高的新品会优先展示（店铺服务包含成交转化率 、3 项 DSR 评分、退款率、纠纷退款率等，包括但不限于这几项）。

在天猫搜索排序入口下的子选项分别为综合排序、人气排序、新品排序、销量排序、价格排序，新品在上新 21 天内有天猫类目扶持的流量，淘宝系统根据新品标准，自动过滤出符合标准的新品，并且授予新品标签。

6. 主图点击率、转化率、收藏加购率、回访复购率

（1）主图点击率：主图点击率是评定产品对客户群体吸引力度、产品市场受欢迎程度的重要指标之一，点击率（点击率 = 点击量 / 展现量）可以看出推广的宝贝是否吸引人。点击率越高，说明宝贝越吸引买家；点击率越低，表示宝贝对于买家的吸引力越低。主图的点击率越高，权重升高的越快。

（2）转化率：淘宝搜索最核心的因素。第一，店铺转化率不要低于店铺同行平均转化率；第二，宝贝转化率要高于店铺转化率；第三，关键词转化率要高于宝贝转化率。这样，你宝贝的关键词排名就会靠前，才会有更多的流量和销售额。

（3）收藏加购率：正常情况下，收藏加购率越高，宝贝的人气值越大。新品上架后，收藏加购越多，对应的人气权重也会越高。

（4）回访复购率：也即重复购买率。重复购买率越高，则代表买家对品牌的忠诚度越高，店铺产品的人气权重越高。一般来说，作为店铺的老客户，对店铺产品已经比较熟悉，不仅可能会产生直接消费，还可能会向其他人宣传店铺并带来新用户的成交。

7. 热销区域价格，淘宝价格模型保护区域

淘宝主打低端价，天猫主打中高端，低价的商品在天猫很难获得流量扶持。淘宝搜索考察的是排名位置的产出值，天猫搜索衡量的是客单价。而我们要做的就是筛选出买

家最容易接受的价格范围，在这个价格范围内的商品会被优先展示。

淘宝网会为每个品类的产品规定最合理的价格区间，然后根据买家的购买信息和购买习惯匹配价格最相近的商品并优先展示。最合理的价格区间在笔者看来，是先在淘宝后台的数据库中筛选出销量最好的商品，然后统计这些商品的价格并取平均数。

8. 热销属性分布，款式功能动态推荐

淘宝在进行相关性索引时，会对商品属性进行一个完整的分析，搜索调用的参数由商品的标题与重要属性构成，搜索会按对应类目中的一些属性商品进行排名。如果属性填写不完整或填写错误，那么在类目调用时就会漏掉你的商品，从而不会在类目浏览展示。商品在淘宝展示的属性就是当前天猫搜索最热销的属性分布区域。

9. 橱窗推荐、下架时间、人气类目、相关性

精品橱窗推荐是在设置完橱窗推荐后再加一次权重，要用到主推商品上。当然，橱窗推荐也会加少量权重。

相关性：淘宝类目中有一个最优类目对应性，如果商品发布不是在最优类目，那么就算商品符合买家搜索需求，销量再高，各方面做得再优秀，也无法优先展示给买家。

3.5　手机淘宝的优化策略

手机淘宝是所有卖家重点竞争的端口。作为无线端的一个非常重要的流量来源入口，手机淘宝首页也是许多卖家的必争之地。其中，“猜你喜欢”是重中之重。受千人千面的影响，手机淘宝首页根据个性化标签推荐人群，系统推荐给每个人的宝贝都是不一样的。你的宝贝手机淘宝首页流量池的大小，是由你的宝贝人群池的大小所决定的。

手机淘宝首页有钻展、淘宝头条、淘抢购、有好货、爱逛街、必买清单、超实惠、特色好货、淘宝直播、每日好店、淘部落、猜你喜欢等板块。大家都知道，现在的手机淘宝首页是千人千面、个性化展示，目前很多商家的手机淘宝流量占全店流量布局的75% 以上。

另外，我们可以看出淘宝正在走向内容、生活、社区化，而且淘宝搜索的流量效果

正在减弱，钻展与直通车的硬广流量越来越少，淘宝商家的投入和产出不成比例。从本质上来讲，淘宝希望给消费者带来一种更好的购物环境，所以作为卖家，一定要学会迎合淘宝的发展趋势。

“猜你喜欢”是一个主导型的流量入口，虽然也有直通车可以推广进入，但在我们选择主动推广与被动展现方面，不仅仅是靠技术，更多的是需要一些做店铺的思路。

从客户对产品的需求出发，研究客户的性别、年龄、消费爱好和购物习惯，以及客户对产品颜色、品质、属性、价格等方面的要求，进而结合搜索关键词的优化及多种付费推广方式进行产品的合理化展示。

简单来说就是，淘宝在展示“猜你喜欢”板块时，根据消费者的消费层级、消费地区、浏览过的商品、收藏过的商品、购买过的商品等因素，综合起来做优先推荐。

“猜你喜欢”板块除在淘宝首页下方展示外，在购物车页面下方同样有大面积的展示位置，自动匹配优质的产品推荐给买家。

多数卖家认为手机淘宝的“猜你喜欢”板块只是一个流量入口，也仅仅把它当作一个流量板块，但我们仔细研究之后会发现，“猜你喜欢”包括 4 种流量来源：购买过的店铺、浏览过的店铺、收藏过的店铺、根据综合消费推荐同等类型的产品。所以说，“猜你喜欢”不仅仅是一个展现优质产品的渠道，而且还是消费趋势展现的重要窗口。

那么，在“猜你喜欢”板块，哪种流量来源带来的流量最多呢？笔者认为根据综合消费推荐同等类型的产品带来的流量最多。比如，你想购买淘宝天猫电商运营书籍，根据综合消费推荐过来的产品并不仅仅是这个类型的产品，也不是购买过的产品或浏览过的产品，而是一些自身基础优化比较好、店铺权重较高，售后服务评分也比较高的产品。产品达到一定的要求后，才会被系统推荐。这部分流量对店铺的运营要求比较高，所以我们在日常运营时，不仅要做自然搜索方面的优化，还需要多参加聚划算、淘抢购等类型的活动。经常在淘宝达人页面展示的产品，具备一定的关注度且产品具有自身的特色，在保持良好的搜索权重的情况下，进入淘宝系统推荐的机会将更高。

“猜你喜欢”板块展现产品的原则主要是根据进入该板块的流量进行排序，优先选择流量靠前的产品，而并非以产品本身的销量及流量来进行评价。下面我们来看一下手机淘宝的优化策略，如图 3-9 所示。

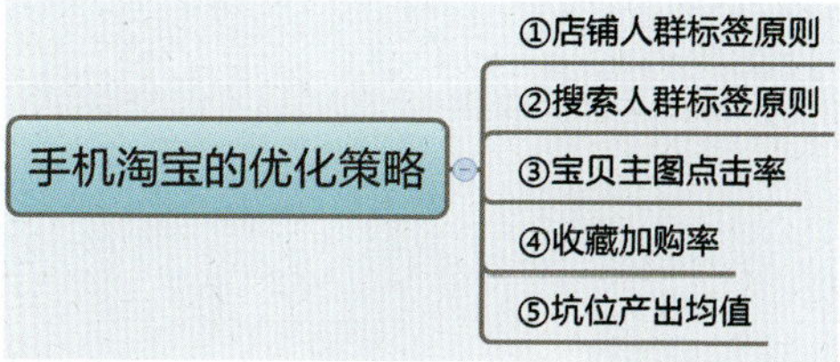

图 3-9

1. 店铺人群标签原则

淘宝针对每个店铺都有人群标签，大致以行业标准为主。这里以手机为例，首先我们在生意参谋后台的市场行情中找到买家人群来进行分析，然后计算得出近 30 天购买手机的买家职业分布百分比，如图 3-10 所示。

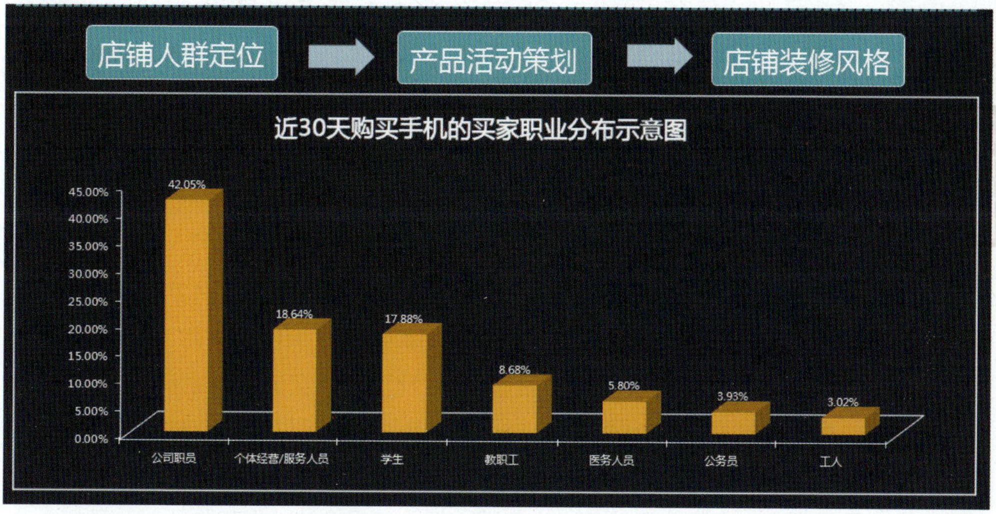

图 3-10

公司职员有相对稳定的工作，具备相对丰富的经济收入和物质条件，属于“中等消费阶层”的小资范畴。

我们继续对店铺人群标签进行分析，如图 3-11 所示，是近 30 天购买手机的买家人群画像的年龄等级分析。

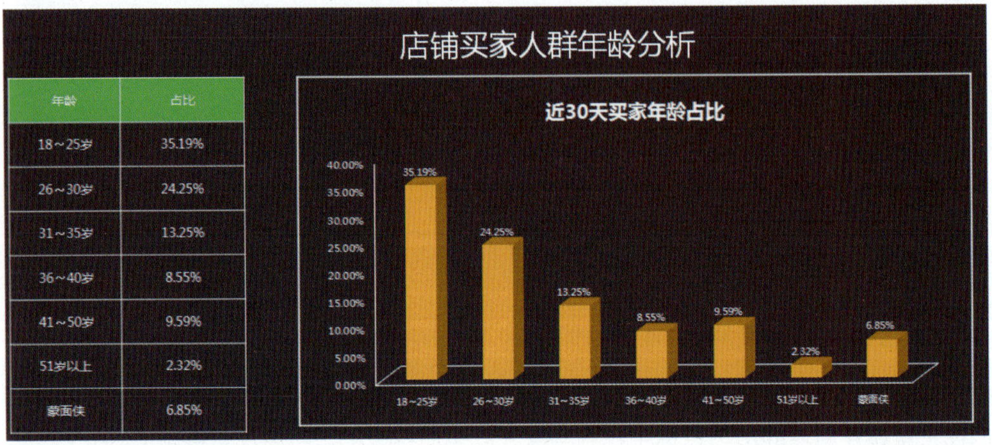

图 3-11

由图 3-11 可知，年龄在 18 ~ 25 岁的买家人群占比是 35.19%，年龄在 26 ~ 30 岁的买家人群占比是 24.25%，年龄在 31 岁 ~ 35 岁的买家人群占比是 13.25%。在中国消费者消费习惯调查报告中，网购替代率随着年龄的增加总体呈下降趋势。其中，18 ~ 30 岁的年轻人网购相对比较冲动。在中国，90 后人群约 1.4 亿人，占全国总人口的 11.7%。90 后群体每月网购消费 240 亿元，其中大部分金额流向淘宝网。对于喜欢宅又喜欢彰显个性的 90 后来说，网购成为他们的首选。

接下来，我们对店铺买家人群消费价格占比进行分析。如图 3-12 所示，消费价格在 420 ~ 1280 元的买家人群为主力，占比为 34.92%；消费价格在 1280 ~ 2890 元的买家人群占比为 21.84%；消费价格在 0 ~ 140 元的买家人群占比是 17.18%。其中，消费价格在 420~2890 元的卖家占一半以上。由此可见，部分产品的价格在购买过程中并非占具主要决定因素，精明的网购一族在心仪的淘宝店铺最后付款考虑的关键因素是产品的强大卖点及购买性价比。反而，低价产品会让他们产生质疑，正如一个商场在搞大型促销一样，无论是新品还是特卖，我们潜意识里都会认为商品八成是快要过期了，库存货！

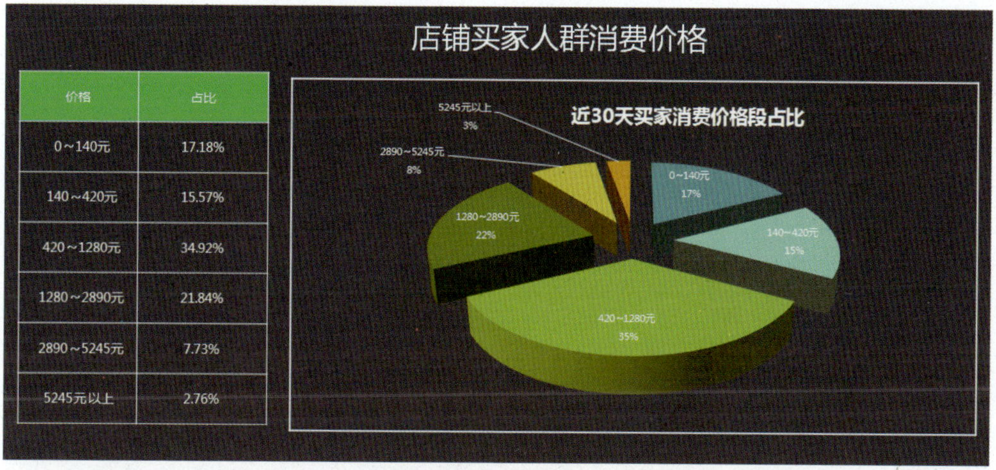

图 3-12

在地域上，广东省、江苏省和浙江省 3 个省份的买家人群最多、最集中，而买家人群最多的城市则是北京市、广州市和上海市，如图 3-13 所示。

店铺省份和城市分布排行

省份分布排行		城市分布排行	
排名省份	支付买家数占比	排名城市	支付买家数占比
广东省	14.76%	北京市	5.78%
江苏省	6.66%	广州市	4.73%
浙江省	6.25%	上海市	3.41%
山东省	5.93%	深圳市	2.83%
北京	5.78%	杭州市	2.81%
河南省	5.27%	成都市	2.69%
四川省	5.17%	武汉市	2.52%
福建省	4.59%	福州市	2.23%
湖北省	4.18%	重庆市	2.12%
安徽省	3.98%	长沙市	2.11%

图 3-13

综上所述，我们把店铺人群标签进行归纳整理，如图 3-14 所示。

店铺人群人群画像总结	
年龄	年龄结构以18~35岁为主
忠诚客户地域	以广东省、浙江省、江苏省、山东省、北京市一线网络城市为主（广东省消费地域最高）
消费力	420-1280元为主的引流产品，1280~2890为商家想做的利润价格空间，也是淘宝也喜欢的价格段，占比22%
用户画像分析	1.男性为主，说明这个产品以体现功能强大，技术含量要求高为主，产品的技术参数最好走在前卫的风格
	2.18~25岁为低收入购买者，屌丝比较多，我们应该主力26~35岁为稳定的相对收入较高的用户，有一定的经济收入支配权
	3.地域以广东省、浙江省、江苏省、山东省、北京市为主要推广区域
	4.价格区间以1280-2890元为主，迎合淘宝系统的价格区间段

注：分析表中的数据为概值，为店铺多数顾客属性，非精准的全值，表格本身的意义也只是用来了解店铺目标顾客特性，而非用于精确统计。

图 3-14

2. 搜索人群标签原则

淘宝针对每个消费者都有人群画像，对购物者的年龄、性别、职业、星座、日常购物习惯进行分析，再根据他们的日常搜索习惯，就可以判定购物者的真实购物需求。淘宝是要讲究坑位产出的，如果消费者找不到合适的产品，就会逃离淘宝平台，这是很不划算的。所以，在手机淘宝的首页设置了“猜你喜欢”板块，为个性化人群推荐他们需要的商品。

人群标签是以搜索人群标签为原则，我们可以在生意参谋后台找到搜索人群分析，然后计算得出近 30 天通过关键词“手机”进行搜索的买家职业分布百分比，如图 3-15 所示。

我们发现，图 3-15 中公司职员占比是 39.55%，学生的占比是 22%，个体经营 / 服务人员的占比是 17.43%，搜索人群以白领为主。

如图 3-16 所示，18 ~ 25 岁的搜索人群占比为 38.52%，26 ~ 30 岁的搜索人群占比为 25.94%，31 ~ 35 岁的搜索人群占比为 12.69%，26 ~ 35 岁是我们要重点关注的年龄人群标签。

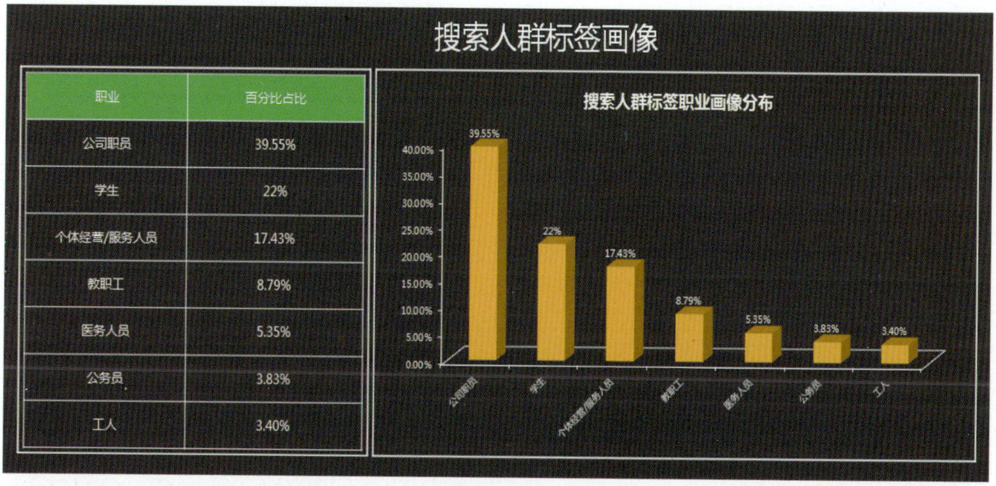

图 3-15

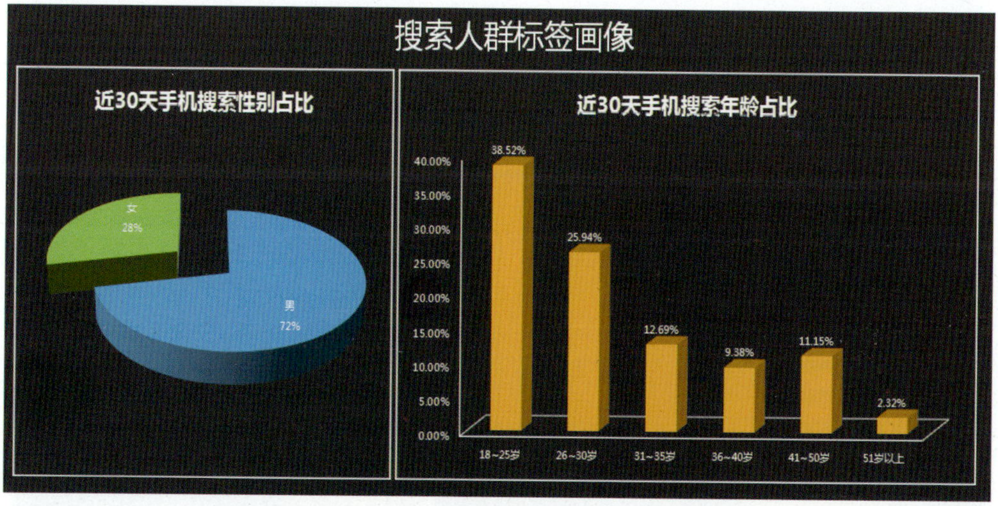

图 3-16

如图 3-17 所示，在近 90 天手机支付买家金额的数据分析中，我们发现支付金额为 1050 ~ 2770 元的买家占比是 36.97%，为最高占比。也就是说，手机的中高品质功能迎合了购买者追求品质化、时尚化、前卫化的特性。

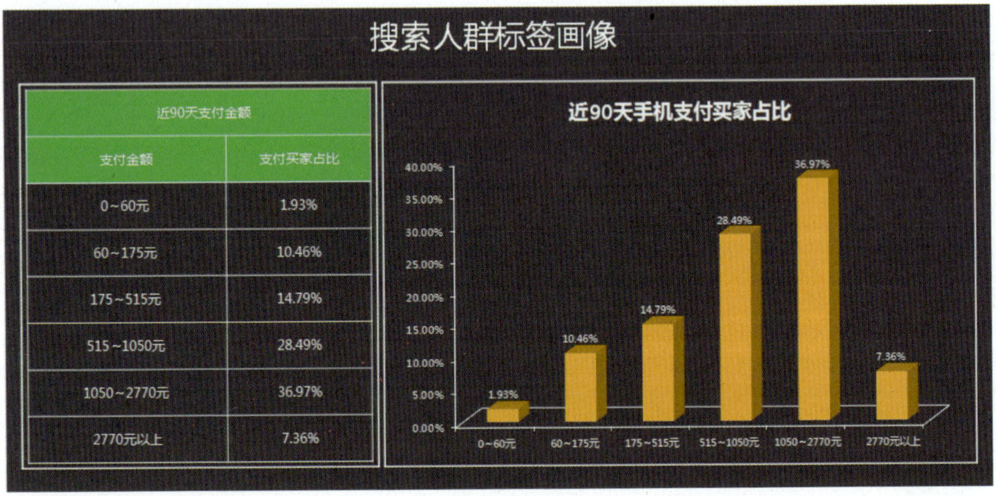

图 3-17

如图 3-18 所示，在人群标签的地域分布上，广东省、山东省、河南省、浙江省，以及北京市、广州市、成都市、武汉市的点击人数最多，说明东南沿海地区人们的消费观念非常强，一线城市对商品的品质要求逐渐在提升。

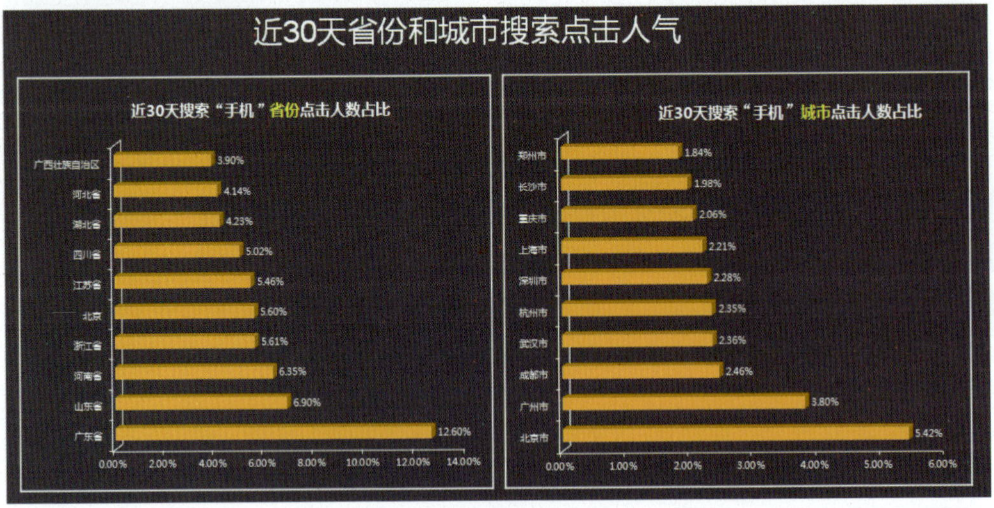

图 3-18

综上所述，我们把搜索人群标签进行梳理，如图 3-19 所示。

手机买家人群标签分析	人群倾向性	以白领为主
	年龄层次	年龄结构以18~30岁为主，31~35岁的人群偏理性化，更多考虑产品的品牌、功能性，以及售后服务能力。年龄以年轻化为主
	忠诚客户地域	省份以广东省、山东省、河南省、浙江省为推广区域，城市以北京市、广州市、成都市、武汉市、杭州市为推广区域
	消费力	从消费力来看，是中等偏上的消费力，价格区间以1050~2770元及515~1050元为主流价格段

注：分析表中的数据为概值，为店铺多数顾客属性，非精准的全值，表格本身的意义也只是用来了解店铺目标顾客特性，而非用于精确统计。

图 3-19

3. 宝贝主图点击率

宝贝主图点击率，通俗地说，即一个宝贝被相关性搜索后展现出来时，不同顾客点击的可能性有多大。其直接说明你的主图有无吸引力，包括你的产品是否符合顾客的搜索体验。

宝贝主图点击率是评定产品对客户群体吸引力度、产品市场受欢迎程度的重要指标之一。如果一款宝贝不断更换宝贝推广图和推广标题后，点击率仍然大大低于行业平均点击率，则可以从一定程度上反映出这款宝贝的市场反馈较差，那么宝贝的进一步转化就更难了。

点击率是点击量与展现量之间的比例，展现量高的词往往点击率也高。而直通车点击率的好坏是影响质量得分相当重要的因素。由于每个顾客的角度不同，影响点击率的因素也会有差异。具体的因素有：主图图片质量、主图创意、宝贝标题、宝贝价格、成交记录、评价等，这些都是顾客能直观感受到的影响点击率的因素。还有一些因素并不直观，包括关键词是否和宝贝足够匹配、宝贝所处的位置、你的宝贝与其他卖家的宝贝相比是否够突出、产品本身对顾客的吸引力等。

点击率得到提升，宝贝的展现频率会更高，宝贝的自然搜索排名也会更好。新上架宝贝前七天主要考核的是展现量的增长率和点击率，关键词下的主图点击率越高，展现量涨的越快，也就是在关键词下排名上涨的越快。

主图在淘宝搜索页面展示的时候，将决定你这个产品在同样展示的情况下点击率是多少、你的进店流量是多少。研究显示，客户是否购买一个产品，在客户第一眼看到这个产品时，已经决定了 50%，叫作第一印象。那么，主图还起到一个作用，即决定客户是最终购买还是跳出。

数据显示，主图的五张图的点击率和展现率远远超过客户去看详细页面的概率，所以在不违背淘宝细节图标准的前提下，如何合理利用主图的展现率，融入产品细节和产品优势的介绍，也是决定客户购买转化率的因素。

合理的主图的构成因素如下：

① 图片的专业性和清晰度。

② 由文案决定的产品差异化因素。

③ 主图风格决定的视觉热点，决定在 *N* 张图片中你是否能够凸显而出。

④ 是否具备在同样展示的前提下，能够吸引客户的促销优势。

手机淘宝搜索就是个性化的人气搜索，最重要的目的就是根据不同人群以往的购买偏好，为客户提供与之类似的商品，用更加精准的定位，契合度更高的搜索结果，来提高产品的点击率及店铺的转化率。我们在做宝贝手机淘宝搜索的时候，一定要把宝贝的点击率考虑进去。

4. 收藏加购率

淘宝搜索的变化在于单品客户体验价值的权重比往年要高很多。

① 这主要体现在“评价体系”和“二次回购”“购物车及收藏唤醒率”“单品退款率”“单品纠纷退款率”“服务标签”。

② 搜索流量更加碎片化，主要体现在淘宝 PC 端的“千人千面”淘宝综合搜索排

名位置 4 ～ 8 的定向加权及无线端的定价加权。定向流量标签主要包括“最近浏览”“曾经收藏”“曾经加购”“曾经购买”。

③ 我们在操作手机淘宝无线权重时，要注意控制“点击率”“收藏”“购物车”“无线端权重”，并开始切入搜索热度（搜索点击、搜索收藏、搜索加购、搜索转化）操作。如果按照步骤就是搜索点击 →搜索转化 →搜索收藏 →搜索加购 →收藏激活 →购物车激活，这样才能让我们的店铺流量暴涨起来。

④ 新品期的收藏率、加购率的权重也非常大，如果你能够保证 10% 以上的数据，那么你的手机淘宝流量会很容易暴涨起来。收藏加购率能在一定程度上判断一个店铺或商品是否优质、是否具备吸引力，因此也会影响自然搜索的排名。

我们可以在生意参谋后台找到“经营分析”→“商品效果明细”，从而可以看到每款产品的加购件数和收藏人数，如图 3-20 所示。

图 3-20

我们通过每个商品的访客数来计算加购率和收藏率。商品访客数为 616，加购件数为 43，收藏人数为 12，加购率 =43/616=6.9%，收藏率 =12/616=1.9%。

一般一个优秀宝贝的加购率大于 10%，小于 20%；收藏率大于 8%，小于 20%。图 3-20 中 2 个宝贝的收藏率和加购率都小于 10%，建议在宝贝的详情页、店铺的优惠力度、客服沟通技巧、售后评价解释、问大家做合理的运营布局。

5. 坑位产出均值

曾经有一个商家朋友咨询：店铺手机淘宝标签和手机淘宝推荐流量如何获取?

据说目前手机淘宝的流量大部分都来自店铺人群标签和手机淘宝推荐流量，那么标签和推荐流量是什么意思呢？如何获取这两者的流量呢?

（1）目前手机淘宝免费流量主要来源有手机淘宝搜索、手机淘宝首页猜你喜欢、购物车猜你喜欢、有好货、必买清单、淘宝头条等，后三个主要来自淘宝达人推荐，而手机淘宝搜索和猜你喜欢是可以掌握的流量。

（2）关于标签，分为两部分，一部分是指手机淘宝搜索流量，另一部分是手机淘宝首页实时推荐。这两项都是根据买家最近浏览轨迹系统智能推荐的，对宝贝权重影响不够大，这部分流量你是拿不到的。要想拿到手机淘宝搜索流量，特别是新品，一定要在 14 天内提高人气权重，做到手机淘宝首页。但仅仅做到手机淘宝首页流量还不够多，因为由于历史累积销量不多，宝贝被展示的用户人群不大，这时候要加大广告投入，提高宝贝的访问量、销量。随着这些人气维度越来越高，宝贝被展示的人群占比也越来越大，流量也会越来越多。

（3）猜你喜欢主要是根据用户最近的浏览轨迹，给用户推荐相似的宝贝。这些相似的宝贝主要以新品为主，并且是销量、收藏、加购、点击率等人气维度非常不错的宝贝。另外，新品评价展示率大及评价关键词多的宝贝更有机会进入猜你喜欢。

通过以上三点，我们可以简单地理解一下淘宝坑位产出。手机淘宝搜索关键词首页的位置，即为坑位，产出就是这个宝贝的销售金额，也可以理解为“KPA= 淘宝贡献度”，即淘宝给你坑位展示店铺商品，在淘宝搜索引擎系统运作过程中宝贝做了多少贡献。

宝贝要想进入淘宝综合搜索排名，则坑位产出要高于其他商品坑位产出，代表着访客及流量的精准，也就是支付宝交易金额的排名超前。

如图 3-21 所示，是某个主推核心关键词的手机淘宝综合搜索排名。我们可以通过这个表计算首页前几个竞品中每个竞品的坑位产出，保证我们的产出必须大于竞品坑位产出最低的那个。坑位产出 = 售价 × 售出件数。比如，竞品最低的坑位产出是 9.9（售价）×13 897（售出件数）=137 580.3 元，那么我们的坑位产出就必须高于 137 580.3 元。至于客单价，最好以自身店铺宝贝的售价为主。

如果我们综合搜索的位置想做到第 12 位，来看一下对手的一个竞争布局。

第 12 位：30 天成交量为 20 466，现价为 29.9 元，总营业额是 611 933.4 元。

如果我们的商品单价是 59 元，30 天成交量 =611 933.4/59=10 372 笔。也就是说，在权重的同纬度下需要 30 天的成交量是 10 372 笔，就可以抢占 12 号坑位。

细心的朋友会发现，18 号坑位成交量比 12 号的成交量多，客单价是 19 元，也就是在 0 ~ 32 元的价格区间，那么为什么它在 18 位而不是在 12 位呢?

这就是权重问题所在。点击率、收藏加购率、转化率、买家体验、复购率、好评率等都会影响单品权重。

序号	30天成交量	现价	价格区间	总营业额	自定价格区间
1	2240	188	111-315	421120	100-200
2	333	99	32-111	32967	50-100
3	3166	219	111-315	693354	200-350
4	19290	25	0-32	482250	0-50
5	57300	48	32-111	2750400	0-50
6	16622	27.5	0-32	457105	0-50
7	16243	26.9	0-32	436936.7	0-50
8	17738	39	32-111	691782	0-50
9	9456	36.8	32-111	347980.8	0-50
10	12634	35	32-111	442190	0-50
11	9420	45	32-111	423900	0-50
12	20466	29.9	0-32	611933.4	0-50
13	13641	17.6	0-32	240081.6	0-50
14	13638	10.8	0-32	147290.4	0-50
15	10716	139	111-315	1489524	100-200
16	11865	199	111-315	2361135	100-200
17	13897	9.9	0-32	137580.3	0-50
18	35065	19	0-32	666235	0-50
19	12556	19.9	0-32	249864.4	0-50
20	40775	12.8	0-32	521920	0-50
21	24367	12.8	0-32	311897.6	0-50
22	24213	15	0-32	363195	0-50
23	6582	49	32-111	322518	0-50
24	3768	23.8	0-32	89678.4	0-50
25	4646	59.9	32-111	278295.4	50-100
26	17651	12.5	0-32	220637.5	0-50
27	18891	19.9	0-32	375930.9	0-50
28	4689	68.86	32-111	322884.54	50-100
29	4591	43.86	32-111	201361.26	0-50
30	5434	39.9	32-111	216816.6	0-50
31	6081	168	111-315	1021608	100-200
32	4803	39	32-111	187317	0-50
33	3983	39	32-111	155337	0-50
34	6008	49.88	32-111	299679.04	0-50
35	10460	19.8	0-32	207108	0-50
36	7434	139	111-315	1033326	100-200
37	8129	25.8	0-32	209728.2	0-50
38	9022	9.9	0-32	89317.8	0-50
39	3904	79	32-111	308416	50-100
40	4378	68	32-111	297704	50-100

图 3-21

3.6 手机淘宝首页流量和直通车之间的关系

手机淘宝首页，以猜你喜欢展位为主，是根据店铺人群个性化的标签推荐的，每个客户看到的产品推荐位置都是不一样的。店铺产品在手机淘宝首页流量的大小，取决于产品千人千面的人群流量的大小。也就是说，要想获得手机淘宝的流量，必须扩大产品在无线端的流量。

我们先来了解一下手机淘宝首页流量和直通车之间的关系：手机淘宝首页展位的展现跟直通车权重关系很大，我们可以通过直通车定向的方法增加手机淘宝首页的权重。

（1）提升店铺人群流量，获取宝贝更多的展现机会。

（2）扩大人群范围，增加定向权重。决定直通车定向权重最重要的因素就是点击率，优化直通车点击率，筛选属性匹配度高的关键词、匹配度高的兴趣点、匹配度高的人群定向，通过这三种优化方案来提高加购率、点击率、收藏率，并结合无线端关键词排名位置溢价增加转化率。

我们在直通车后台找到“推广计划”→“标准推广”，选择推广的宝贝名称→“宝贝推广”→“关键词推广”，最终找到定向推广，如图 3-22 所示。我们可以发现，定向推广包括访客定向、购物意图定向、修改溢价。

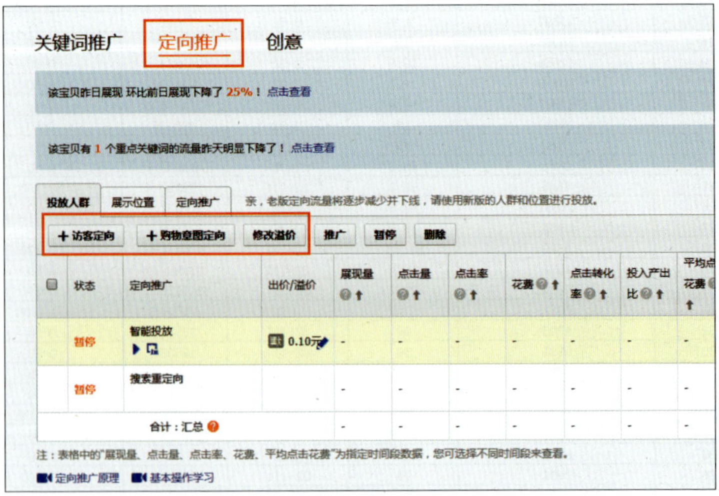

图 3-22

其中，访客定向分两点：

① 喜欢我店铺的访客，即浏览、收藏、加入购物车、购买过我店铺宝贝的访客。

② 喜欢同类店铺的访客，即拥有相似客户群与类目相同店铺的访客。

购物意图定向：单品兴趣定向和标题相关标签关键词定向。

（3）直通车定向展示位置的增加，在宝贝点击率、质量分、投入产出比、收藏、购物车优化之后，就可以开始单独打开手机淘宝端的定向溢价。定向溢价是按你出价的价格加溢价来计算的，可以先开高溢价，拉大流量展现池，获得精准人群标签。在出价的时候，注意设置日限额，避免过度消耗，如图 3-23 所示。

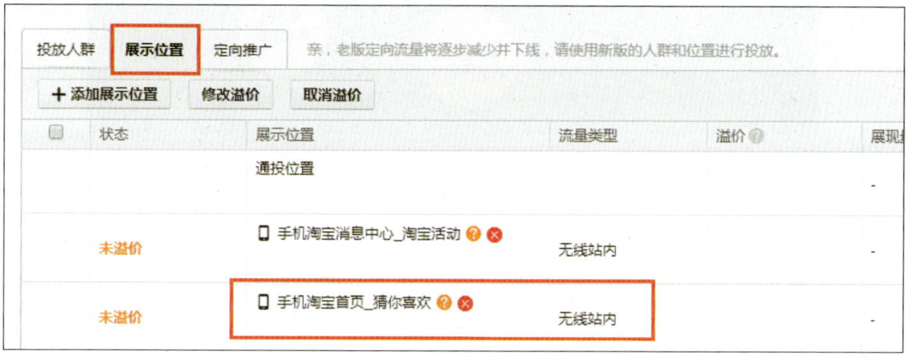

图 3-23

标签关键词，也是手机淘宝最核心的部分，同时也是决定手机淘宝关键词是否能上涨的依据。标签关键词，即和店铺人群相吻合，同时有能力衍生出高展现量、高转化率的关键词。

关键词流量标签化和关键词优化后，手机淘宝的定向流量会非常精准，投入产出比会高于关键词投产。手机淘宝首页所有流量权重全部来源于关键词的定向与溢价排名，手机淘宝猜你喜欢的产出金额做的越高，就越能获得该权重加权，从而更加容易获取手机淘宝首页流量。

那么我们该如何把直通车、标题、手机淘宝搜索关键词串联起来，快速增加手机淘宝搜索流量呢？将搜索流量相关关键词全部加入直通车（相关关键词包括由标题分解得来的主搜词与主搜长尾词），直通车关键词、标题、手机淘宝搜索关键词之间的关系如图 3-24 所示。

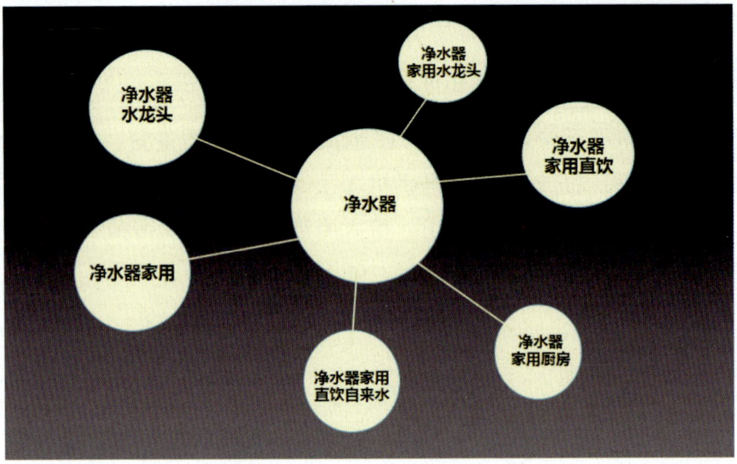

图 3-24

我们通过基础优化：

（1）关键词的标签性，让你店铺的所有关键词都是精准标签词，即店铺人群标签定位范围内的关键词。

（2）流量的标签性，直通车流量完全经过搜索定向入店，即合适的搜索关键词通过直通车推广，完善店铺流量标签。

（3）直通车关键词的投产，让直通车计划里的流量、关键词跟店铺标签相吻合，并且经过搜索定向，让每个关键词都具有投产比这时候，这些标签性关键词就会带动店铺搜索关键词的展现。

3.7 手机淘宝搜索破局思路

第一步，访问店铺的买家都是有标签的，比如曾经浏览过、曾经收藏过、曾经购买过，这就是人群标签，我们可以据此做好我们的老客户营销。

第二步，店铺宝贝的正常收藏率及加购率的控制。

第三步，搜索店铺宝贝的核心关键词，可以看看其他同款爆款人气宝贝，我们可以计算这款宝贝的坑位产出。

第四步，通过直通车的定向推广加大核心关键词及衍生关键词的投入，也就是无线端的猜你喜欢，最好有投入产出。

第五步，访客通过手机淘宝首页最下方的猜你喜欢看到的那些同类同款宝贝，如果有我们家的店铺宝贝，则说明客户有我们店铺的人群标签了，淘宝已经跟踪到了这位客户的需求，如果这位客户进行收藏加购，然后成交，就会带动我们店铺的转化率。

这里利用的就是人群标签化（把店铺的老会员和我们需要破局的人气宝贝做了相同的标签），还采用了坑位产出原则，根据手机淘宝搜索的核心，你为淘宝创造了多少贡献度，淘宝就会给店铺多少流量。另外，通过直通车加大广告投入，让关键词的收藏加购率及转化率增加，这样手机淘宝的猜你喜欢会给你相对应类目的位置，推荐给那些有同类需求、标签精准的客户，这样手机淘宝搜索流量就会持续上涨。

第4章

店铺流量运营策略

2017 年做电商的小伙伴们会发现互联网人才奇缺，优秀的操盘手都自己创业了。所以，很多时候店铺老板只能自己做电商运营。其实电商运营是一个非常重要的岗位，关系到店铺能否有序运作，如何解决店铺出现的问题，如何合理安排团队工作，提高团队成员的工作效率，甚至涉及财务系统的收入、支出、利润三大核心表格的输入分析。电商运营是一项高强度、统筹性的工作，非常具有挑战性。

作为店铺运营人员，首先要了解自己店铺的流量来源布局，通过这些流量数据找到店铺的问题所在，并针对这些问题找到合适的解决方法。

4.1　店铺流量来源

我们首先要分析店铺流量的结构，具体内容如下。

① 免费流量方面，包括 PC 端（淘宝搜索流量、天猫搜索流量、淘宝站内其他流量、淘宝其他店铺流量、淘宝首页和天猫首页流量等）及无线端（手机淘宝搜索流量、天猫客户端搜索流量、手机淘宝首页流量、手机淘宝每日好店流量、手机淘宝微淘流量、手机淘宝有好货流量、手机淘宝其他店铺流量、手机淘宝必买清单流量等）的免费流量。

② 付费流量方面，包括淘宝客、直通车、钻石展位、聚划算、麻吉宝付费流量。

③ 自主访问方面，包括直接访问、已买到商品、购物车、宝贝收藏、店铺收藏、我的淘宝首页自主访问流量。

④ 淘外流量，包括淘外流量其他、搜狗、百度、腾讯微博、360 搜索、淘外网站其他、新浪微博、QQ 空间、蘑菇街等比较大的流量。

接下来，我们通过数据来分析店铺流量结构。

步骤 1　打开生意参谋，选择“流量”→“流量地图”，在页面右侧我们会看到店铺的流量来源，如图 4-1 所示。

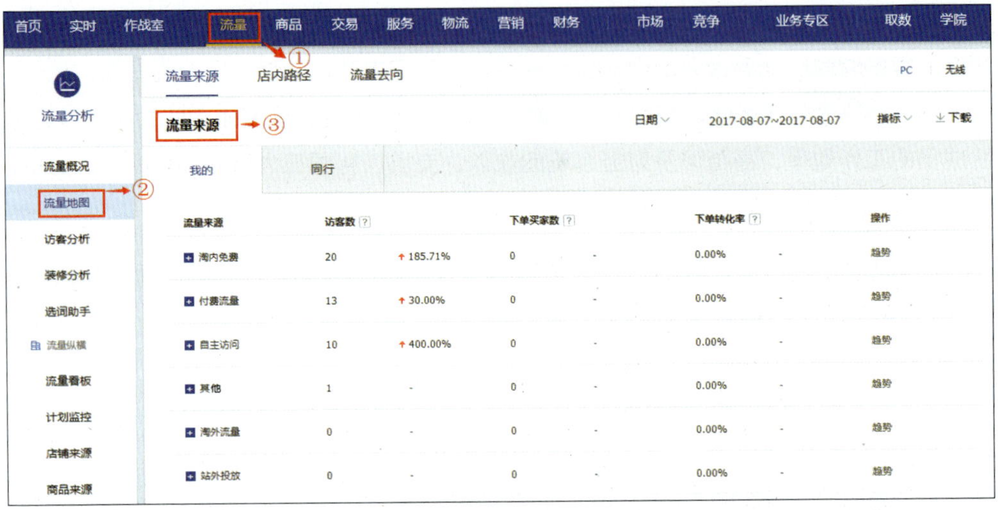

图 4-1

步骤 2　找到右侧的“日期”，选择最近 30 天，在“日期”下方的店铺商品参数指标中，分别勾选“访客数”“下单买家数”“下单转化率”指标，最后单击“下载”选项进行下载，如图 4-2 所示。

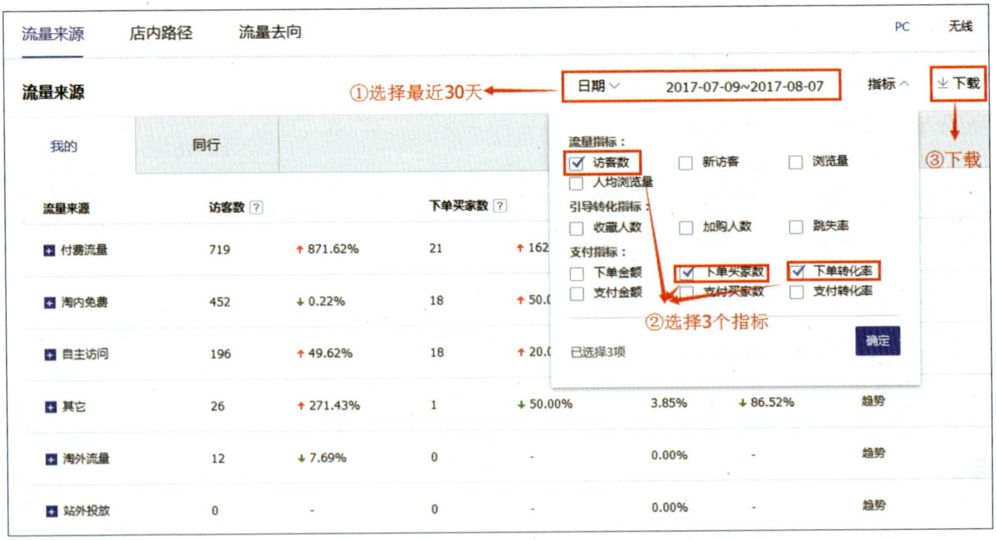

图 4-2

步骤 3　下载后显示如图 4-3 所示的表格，整个表格对应的是店铺的 PC 端数据。

来源	来源明细	访客数	访客数变化	新访客数	新访客数变化	浏览量	人均浏览量	下单买家数	下单转化率	下单转化率变化
付费流量	汇总	381	4, 662. 50%	379	4, 637. 50%	592	1. 55	58	15. 22%	0
付费流量	淘宝客	320	7, 900. 00%	320	7, 900. 00%	523	1. 63	58	18. 13%	0
付费流量	直通车	61	1, 425. 00%	59	1, 375. 00%	69	1. 13	0	0. 00%	0
付费流量	钻石展位	0	0	0	0	0	0	0	0	0
付费流量	聚划算	0	0	0	0	0	0	0	0	0
淘内免费	汇总	345	71. 64%	338	69. 85%	489	1. 42	9	2. 61%	-12. 71%
淘内免费	天猫搜索	154	42. 59%	150	38. 89%	212	1. 38	5	3. 25%	16. 91%
淘内免费	淘宝搜索	143	62. 50%	136	58. 14%	203	1. 42	3	2. 10%	-7. 49%
淘内免费	淘宝站内其他	50	400. 00%	48	433. 33%	62	1. 24	1	2. 00%	-80. 00%
淘内免费	淘宝其他店铺	6	200. 00%	6	200. 00%	10	1. 67	0	0. 00%	0
淘内免费	淘宝海外	1	0	1	0	1	1. 00	0	0. 00%	0
淘内免费	爱淘宝	1	0	1	0	1	1. 00	0	0. 00%	0
淘内免费	天猫首页	0	0	0	0	0	0	0	0	0
淘内免费	天猫频道	0	0	0	0	0	0	0	0	0
淘内免费	淘女郎	0	0	0	0	0	0	0	0	0
淘内免费	淘宝试用	0	0	0	0	0	0	0	0	0
淘内免费	店铺动态	0	0	0	0	0	0	0	0	0
淘内免费	淘宝会员	0	0	0	0	0	0	0	0	0
淘内免费	全球购	0	0	0	0	0	0	0	0	0
淘内免费	天天特价	0	0	0	0	0	0	0	0	0
淘内免费	淘宝促销	0	0	0	0	0	0	0	0	0
淘内免费	淘宝首页	0	0	0	0	0	0	0	0	0
淘内免费	淘宝帮派	0	0	0	0	0	0	0	0	0
淘内免费	淘宝小分队广场	0	0	0	0	0	0	0	0	0
淘内免费	淘宝婚庆	0	0	0	0	0	0	0	0	0
淘内免费	淘宝清仓	0	0	0	0	0	0	0	0	0
淘内免费	淘宝星店	0	0	0	0	0	0	0	0	0
淘内免费	天猫超市	0	0	0	0	0	0	0	0	0
淘内免费	淘宝尺码	0	0	0	0	0	0	0	0	0
淘内免费	拍卖会	0	0	0	0	0	0	0	0	0

图 4-3

步骤 4　我们对图 4-3 所示的表格进行筛选，把“访客数变化”“浏览量”“人均浏览量”等参数进行删除，只保留“访客数”“下单买家数”“下单转化率”3 个参数指标的数据，如图 4-4 所示。

步骤 5　细心的读者一定会看到，在“访客数”列的单元格内的左上角，都有一个小小的三角符号，这说明此单元格的数字是文本格式，需要我们把它全部转化为数字，如图 4-5 所示。

步骤 6　选中所有带有小三角符号的单元格，在选中的第一个单元格的左侧会发现一个黄色的感叹号图标。单击感叹号右侧的下拉按钮，选择“转换为数字”选项，如图 4-6 所示。

步骤 7　新建一个 Excel 表格，把刚才整理的数据进行整合，如图 4-7 所示。

来源	来源明细	访客数	下单买家数	下单转化率
付费流量	汇总	381	58	15.22%
付费流量	淘宝客	320	58	18.13%
付费流量	直通车	61	0	0.00%
付费流量	钻石展位	0	0	0
付费流量	聚划算	0	0	0
淘内免费	汇总	345	9	2.61%
淘内免费	天猫搜索	154	5	3.25%
淘内免费	淘宝搜索	143	3	2.10%
淘内免费	淘宝站内其他	50	1	2.00%
淘内免费	淘宝其他店铺	6	0	0.00%
淘内免费	淘宝海外	1	0	0.00%
淘内免费	爱淘宝	1	0	0.00%
淘内免费	天猫首页	0	0	0
淘内免费	天猫频道	0	0	0
淘内免费	淘女郎	0	0	0
淘内免费	淘宝试用	0	0	0
淘内免费	店铺动态	0	0	0
淘内免费	淘宝会员	0	0	0
淘内免费	全球购	0	0	0
淘内免费	天天特价	0	0	0
淘内免费	淘宝促销	0	0	0
淘内免费	淘宝首页	0	0	0
淘内免费	淘宝帮派	0	0	0
淘内免费	淘宝小分队广场	0	0	0
淘内免费	淘宝婚庆	0	0	0
淘内免费	淘宝清仓	0	0	0
淘内免费	淘宝星店	0	0	0
淘内免费	天猫超市	0	0	0
淘内免费	淘宝尺码	0	0	0

图 4-4

来源	来源明细	访客数	下单买家数	下单转化率
付费流量	汇总	381	58	15.22%
付费流量	淘宝客	320	58	18.13%
付费流量	直通车	61	0	0.00%
付费流量	钻石展位	0	0	0
付费流量	聚划算	0	0	0
淘内免费	汇总	345	9	2.61%
淘内免费	天猫搜索	154	5	3.25%
淘内免费	淘宝搜索	143	3	2.10%
淘内免费	淘宝站内其他	50	1	2.00%
淘内免费	淘宝其他店铺	6	0	0.00%
淘内免费	淘宝海外	1	0	0.00%
淘内免费	爱淘宝	1	0	0.00%
淘内免费	天猫首页	0	0	0
淘内免费	天猫频道	0	0	0
淘内免费	淘女郎	0	0	0
淘内免费	淘宝试用	0	0	0
淘内免费	店铺动态	0	0	0
淘内免费	淘宝会员	0	0	0
淘内免费	全球购	0	0	0
淘内免费	天天特价	0	0	0
淘内免费	淘宝促销	0	0	0
淘内免费	淘宝首页	0	0	0
淘内免费	淘宝帮派	0	0	0
淘内免费	淘宝小分队广场	0	0	0
淘内免费	淘宝婚庆	0	0	0
淘内免费	淘宝清仓	0	0	0
淘内免费	淘宝星店	0	0	0
淘内免费	天猫超市	0	0	0
淘内免费	淘宝尺码	0	0	0
淘内免费	拍卖会	0	0	0

图 4-5

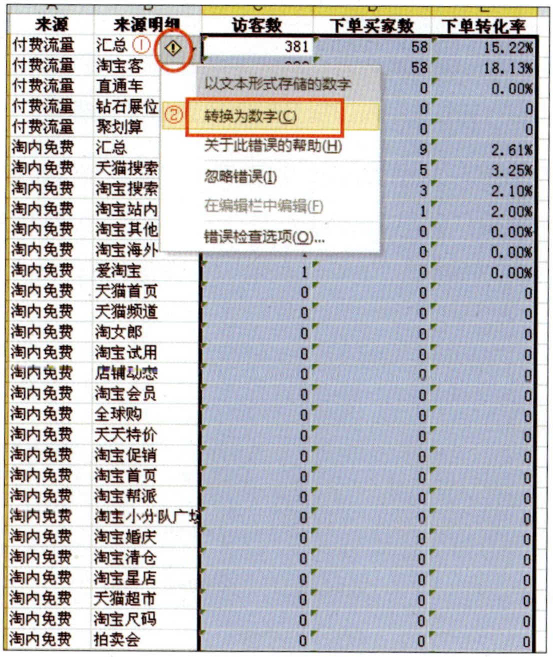

图 4-6

PC来源	来源明细	访客数	下单买家数	下单转化率	PC来源	来源明细	访客数	下单买家数	下单转化率
淘内免费	汇总	345	9	2.61%	付费流量	汇总	381	58	15.22%
	天猫搜索	154	5	3.25%		淘宝客	320	58	18.13%
	淘宝搜索	143	3	2.10%		直通车	61	0	0.00%
	淘宝站内其他	50	1	2.00%		钻石展位	0	0	0
	淘宝其他店铺	6	0	0.00%		聚划算	0	0	0
	淘宝海外	1	0	0.00%	自主访问	汇总	228	17	7.46%
	爱淘宝	1	0	0.00%		直接访问	165	9	5.45%
	天猫首页	0	0	0		已买到商品	38	7	18.42%
	天猫频道	0	0	0		购物车	28	2	7.14%
	淘女郎	0	0	0		宝贝收藏	9	1	11.11%
	淘宝试用	0	0	0		店铺收藏	0	0	0
	店铺动态	0	0	0		我的淘宝首页	0	0	0
	淘宝会员	0	0	0	海外流量	汇总	36	2	5.56%
	全球购	0	0	0		海外流量其他	33	2	6.06%
	天天特价	0	0	0		搜狗	3	0	0.00%
	淘宝促销	0	0	0		百度	0	0	0
	淘宝首页	0	0	0		新浪微博	0	0	0
	淘宝帮派	0	0	0		美丽说	0	0	0
	淘宝小分队广场	0	0	0		蘑菇街	0	0	0
	淘宝婚庆	0	0	0		腾讯微博	0	0	0
	淘宝清仓	0	0	0		QQ空间	0	0	0
	淘宝星店	0	0	0		爱奇艺	0	0	0
	天猫超市	0	0	0		折800	0	0	0
	淘宝尺码	0	0	0		米折网	0	0	0
	拍卖会	0	0	0		卷皮网	0	0	0

图 4-7

通过图 4–7 我们可以发现，店铺 PC 端的流量由淘内免费流量、付费流量、自主访问流量、淘外流量组成，每个流量入口的来源明细都有不同的数据指标，有利于在电商运营过程中，针对某个流量来源入口提升搜索权重和推广费用。

步骤 8　图 4–7 是 PC 端数据的初步整理，我们对无线端的数据也进行整理。同样，打开生意参谋，选择“流量”→“流量地图”，在“流量来源”页面选择“无线端”，“日期”选择最近 30 天，勾选“访客数”“下单买家数”“下单转化率”3 个指标，并进行下载，如图 4–8 所示。

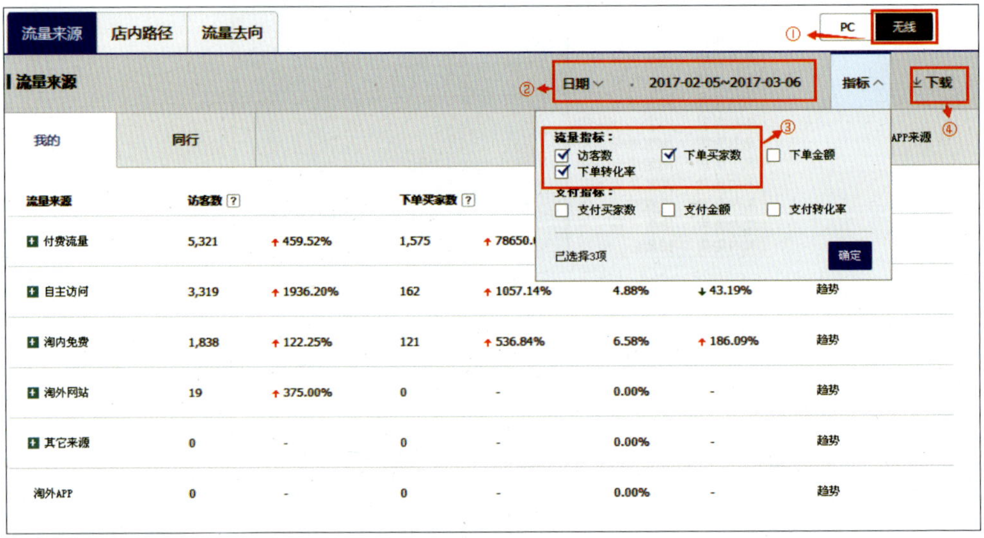

图 4-8

步骤 9　下载后的数据按照步骤 4 到步骤 7 的操作过程进行整理汇总，最终得到如图 4–9 所示的表格。

PC来源	来源明细	访客数	下单买家数	下单转化率
淘内免费	汇总	345	9	2.61%
	天猫搜索	154	5	3.25%
	淘宝搜索	143	3	2.10%
	淘宝站内其他	50	1	2.00%
	淘宝其他店铺	6	0	0.00%
	淘宝海外	1	0	0.00%
	爱淘宝	1	0	0.00%
	天猫首页	0	0	0
	天猫频道	0	0	0
	淘女郎	0	0	0
	淘宝试用	0	0	0
	店铺动态	0	0	0
	淘宝会员	0	0	0
	全球购	0	0	0
	天天特价	0	0	0
	淘宝促销	0	0	0
	淘宝首页	0	0	0
	淘宝帮派	0	0	0
	淘宝小分队广场	0	0	0
	淘宝婚庆	0	0	0
	淘宝清仓	0	0	0
	淘宝星店	0	0	0
	天猫超市	0	0	0
	淘宝尺码	0	0	0
	拍卖会	0	0	0

来源	来源明细	访客数	下单买家数	下单转化率
付费流量	汇总	381	58	15.22%
	淘宝客	320	58	18.13%
	直通车	61	0	0.00%
	钻石展位	0	0	0
	聚划算	0	0	0
自主访问	汇总	228	17	7.46%
	直接访问	165	9	5.45%
	已买到商品	38	7	18.42%
	购物车	28	2	7.14%
	宝贝收藏	9	1	11.11%
	店铺收藏	0	0	0
	我的淘宝首页	0	0	0
海外流量	汇总	36	2	5.56%
	海外流量其他	33	2	6.06%
	搜狗	3	0	0.00%
	百度	0	0	0
	新浪微博	0	0	0
	美丽说	0	0	0
	蘑菇街	0	0	0
	腾讯微博	0	0	0
	QQ空间	0	0	0
	爱奇艺	0	0	0
	折800	0	0	0
	米折网	0	0	0
	卷皮网	0	0	0

无线来源	无线来源明细	访客数	下单买家数	下单转化率
淘内免费	汇总	1838	121	6.58%
	WAP淘宝	597	1	0.17%
	淘内免费其他	451	93	20.62%
	手淘搜索	445	12	2.70%
	猫客搜索	196	5	2.55%
	手淘旺信	129	31	24.03%
	WAP天猫	97	0	0.00%
	手淘首页	54	1	1.85%
	手淘问大家	41	3	7.32%
	手淘消息中心	35	10	28.57%
	手淘其他店铺商品详情	24	1	4.17%
	手淘我的评价	23	2	8.70%
	手淘卡券包	17	6	35.29%
	手淘我的足迹	16	3	18.75%
	天猫关注	13	0	0.00%
	手淘收藏夹	13	0	0.00%
	手淘其他店铺	7	0	0.00%
	猫客其他店铺	4	1	25.00%
	手淘找相似	3	0	0.00%
	手淘微淘	1	0	0.00%
	手淘试用	1	0	0.00%
	手淘扫一扫	1	0	0.00%
付费流量	汇总	5321	1575	29.60%
	淘宝客	3702	1564	42.25%
	直通车	1625	12	0.74%
	聚划算	1	0	0.00%
	麻吉宝	0	0	0
	钻石展位	0	0	0
自主访问	汇总	3319	162	4.88%
	直接访问	2841	4	0.14%
	我的淘宝	412	102	24.76%
	购物车	195	82	42.05%

图 4-9

步骤 10　对 PC 端和无线端的数据进行整理汇总，如图 4-10 所示。

淘内免费	淘宝会员	0	0	0
	全球购	0	0	0
	天天特价	0	0	0
	淘宝促销	0	0	0
	淘宝首页	0	0	0
	淘宝帮派	0	0	0
	淘宝小分队广场	0	0	0
	淘宝婚庆	0	0	0
	淘宝清仓	0	0	0
	淘宝星店	0	0	0
	天猫超市	0	0	0
	淘宝尺码	0	0	0
	拍卖会	0	0	0

海外流量	汇总	36	2	5.56%
	海外流量其他	33	2	6.06%
	搜狗	3	0	0.00%
	百度	0	0	0
	新浪微博	0	0	0
	美丽说	0	0	0
	蘑菇街	0	0	0
	腾讯微博	0	0	0
	QQ空间	0	0	0
	爱奇艺	0	0	0
	折800	0	0	0
	米折网	0	0	0
	卷皮网	0	0	0

	手淘卡券包	17	6	35.29%
	手淘我的足迹	16	3	18.75%
	天猫关注	13	0	0.00%
	手淘收藏夹	13	0	0.00%
	手淘其他店铺	7	0	0.00%
	猫客其他店铺	4	1	25.00%
	手淘找相似	3	0	0.00%
	手淘微淘	1	0	0.00%
	手淘试用	1	0	0.00%
	手淘扫一扫	1	0	0.00%
付费流量	汇总	5321	1575	29.60%
	淘宝客	3702	1564	42.25%
	直通车	1625	12	0.74%
	聚划算	1	0	0.00%
	麻吉宝	0	0	0
	钻石展位	0	0	0
自主访问	汇总	3319	162	4.88%
	直接访问	2841	4	0.14%
	我的淘宝	412	102	24.76%
	购物车	195	82	42.05%
海外网站	汇总	19	0	0.00%
	海外网站其他	14	0	0.00%
	新浪微博	4	0	0.00%
	搜狗	1	0	0.00%

小结	PC流量来源	访客数	百分比	无线流量来源	访客数	百分比	付费流量	访客数	百分比
	总流量	990		总流量	10497		直通车	1686	14.68%
	免费流量	345	34.85%	免费流量	1838	17.51%	钻石展位	0	
	付费流量	381	38.48%	付费流量	5321	50.69%	聚划算	0	
	自主访问	228	23.03%	自主访问	3319	31.62%	淘宝客	4022	35.01%
	海外流量	36	3.64%	海外流量	19	0.18%	总UV	11487	
	日均访客	33		日均访客	350		日均UV	383	
	日均淘宝搜索	5		日均淘宝搜索	15		PC	990	
	日均天猫搜索	5		日均天猫搜索	7		无线	10497	

图 4-10

4.2 流程化结果分析

通过图 4-10 我们可以发现，最近 30 天店铺的流量结构很不正常，总 UV=11 487，远低于行业平均水平；日均 UV=383，说明每天的访客量很少，目前店铺处于初创阶段（我在《淘宝天猫电商运营与数据化选品完全手册》一书的第 5 章中讲到过，有兴趣的读者可以去了解一下店铺运营的阶段结构）。

店铺处于这个阶段，面临的主要问题往往是没有流量及不知道如何推广，我们应根据店铺的具体问题寻找相应的解决办法，如图 4-11 所示，是关于流量问题和推广问题的一个流程化结果分析。

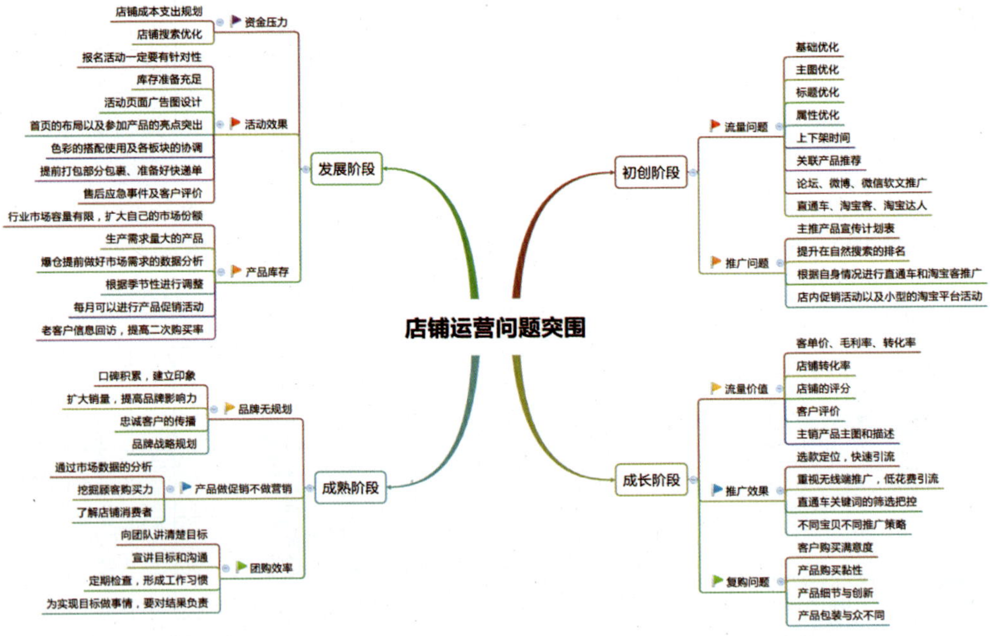

图 4-11

4.3 流量工作内容分解

在解决流量问题上，我们需要做以下工作。

1. 市场容量分析

产品在进入市场前，即产品在设计、生产之前，一定要对市场进行系统分析：① 依据生意参谋的月搜索排行、月成交排行，形成容量分析表，判断该类目下的市场容量及后期市场占比；② 找出该类目下产品的细分属性，确定细分类目，依据生意经的属性成交量分布生成属性容量分析表。

2. 确定产品

① 通过生意参谋的市场分析，找出符合淘宝搜索引擎的最优属性的产品，生产最适合市场的宝贝。

② 通过生意参谋分析顾客群（如性别、年龄、消费层级、消费区域等），了解该类目下消费产品的价格区间及购物人群的容量分布。

③ 根据自身定位和状况确定价格定位，并确定全年销量，再分解为月销量（依据市场分析中的数据）。

④ 找出该产品在该价位段的竞争对手。

3. 建立团队

① 根据价格，预估销量，确定产品定位、品牌定位，确定团队人数。

② 依据产品定位制作详情页、首页，培训客服，确定推广计划及费用。

③ 制订月度、年度工作计划。

4. 解析淘宝规则

① 搜索规则：淘宝排名 28 条规则及权重的变化。

② 个性化搜索规则：买家自身属性、买家行为。

③ 规避搜索作弊行为（10 类）：交易类、铺货类、宝贝类、运费类、SKU 类、广告商品类、标题类、价格类、描述类、类目和属性类。

④ 核心指标：下架时间、宝贝标题、店铺标题、宝贝属性体现、主营类目、支付宝交易排名、人气、综合排名指数。

5. 关键词分析

关键词分析主要包括属性关键词、行业关键词、主推词、黄金长尾关键词、类目下拉词、竞争对手关键词（上架后长期优化）。

6. 推广计划分析

根据搜索流量增长分配计划，设定一定的推广预算，投放直通车和钻展计划。

7. 新品上架

新品上架的影响因素包括 14 天权重、转化率、增长率、好评、晒图，附加权重：VIP、积分、公益。

8. 关键词排名跟踪、销量及转化率增长情况

根据店铺实际情况，统计店铺主推关键词排名波动、店铺宝贝的销量增长幅度，以及店铺转化率和宝贝转化率之间的关系。

4.4 做好直通车的技巧

在图 4-10 中，我们发现直通车的流量很少，而直通车带来的流量都是精准流量，所以在前期流量很少的情况下，一定要加大付费流量的占比，一般在 35% 以上。那么如何做好直通车呢？下面分享几个技巧，如图 4-12 所示。

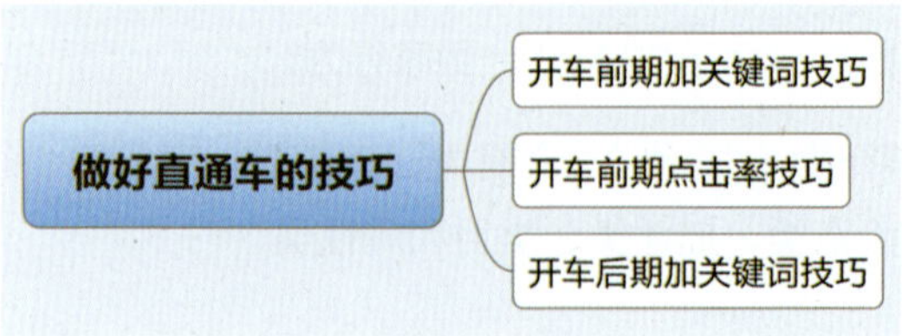

图 4-12

1. 开车前期加关键词技巧

刚开始做直通车时，针对店铺的宝贝添加几个匹配度高的精准关键词，待点击率提升并稳定后，再添加其他行业热词，从而带动这些热词的质量得分。

2. 开车前期点击率技巧

直通车推广前期添加少量高精准度的关键词，然后给出相对较高的出价，尽量做到1 ~ 6 位的排名，这样更容易把控和优化点击率，然后不断测试创意主图，直到找到高点击率的创意主图。

3. 开车后期加关键词技巧

直通车推广一段时间后，综合分析关键词的转化率情况（可以看生意参谋后台的商品效果明细），重点分析那些盈利关键词（成交关键词），找出这些关键词的衍生词组，利用这个词组去挖掘相关关键词和下拉搜索框的引导关键词，拓展高成交词的词量。

4.5　直通车推广的思路分析

我们把直通车推广分为三个阶段，每个阶段有不同的工作内容和任务，只有在不同的阶段完成相应的工作，才能使直通车推广顺利，如图 4-13 所示。

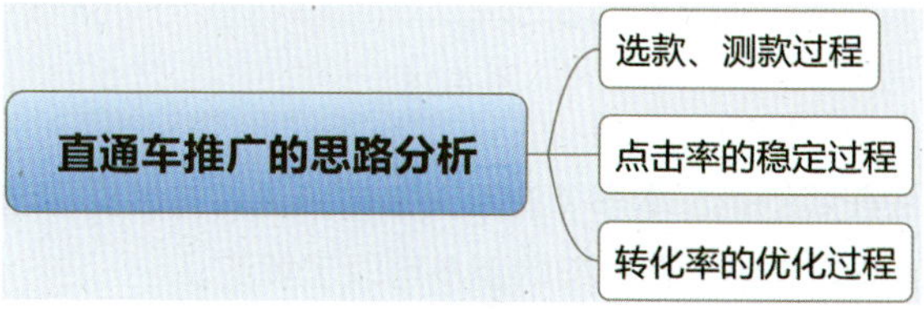

图 4-13

1. 选款、测款过程

操作策略：单品宝贝市场分析、单品宝贝竞争情况分析、热销产品属性总结、宝贝基础点击率测试、宝贝的收藏率和加购率测试、宝贝转化率等用户的评价反馈测试。

2. 点击率的稳定过程

操作策略：出高价抢高点击率排名、设计创意主图、提升点击率、添加精准关键词。

3. 转化率的优化过程

操作策略：关键词的提价，直通车质量分优化、降价优化，关键词的添加、删除操作。

4.6 直通车推广流程解析（七步法）

4.6.1 第一步：选款

操作要点：选出淘宝市场容量大、属性好、性价比高、点击率和转化率都不错的宝贝，如图 4-14 所示。

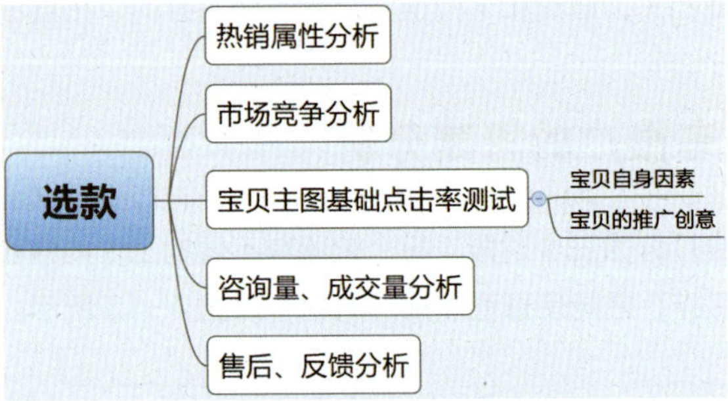

图 4-14

具体的选款方法在我的第二本书《淘宝天猫电商运营与数据化选品完成手册》的第 1 章中有详细的实操技巧介绍，有兴趣的朋友可以了解下。

1. 热销属性分析

做爆款，我们要顺势而为，选择市场容量大、热销属性匹配度高的宝贝。

2. 市场竞争分析

判断店铺宝贝的材质、款式、产品质量、售后服务、价格定位、店铺优惠力度、客户评价反馈等是否具有优势，通过生意参谋后台的“市场行情”→“行业粒度”→“热销商品”可以与竞争对手店铺的产品进行对比，分析其产品销量趋势、流量来源入口、引流关键词及成交关键词等各个细节的数据指标，从而寻找突破口。

3. 宝贝主图基础点击率测试

爆款的点击率一般都不会低，所以针对测试前期，即使创意主图没有经过优化，也没任何营销词，其基础点击率一般也能达到行业平均水平。假如某款宝贝的基础点击率在 0.1% ~ 0.3%，那么这款宝贝便不具备成为爆款的条件。

我们知道，直通车作为一种引流工具，每一次点击都要付费，那么卖家该如何通过直通车以较低的成本来引入流量呢？其中，点击率是重要的影响因素，所以如何提升点击率来降低平均点击单价，从而进一步以更少的花费来引入更多的流量就显得尤为重要。

1）宝贝自身因素

宝贝自身的款式、价格是影响点击率的一个重要因素，所以前期在选款的时候应该结合市场的热点因素，以及生意参谋中宝贝的浏览量和访客数进行选取；另一个重要因素就是宝贝销量，如果直通车展位前后相似宝贝的销量都很高，作为一般消费者，都会优先浏览销量高的宝贝，如果我们宝贝的价格较贵，前期的销量基础就非常重要了。

2）宝贝的推广创意

宝贝的推广创意包括两方面，即宝贝的创意图片和创意标题。

宝贝的创意图片是展现宝贝最直观的表现形式，是吸引消费者的重要因素。一张好的创意图片需要具备以下几点：

① 图片清晰，宝贝突出。

② 突出宝贝的卖点和促销字眼，但所占篇幅不宜过大，避免喧宾夺主。

③ 宝贝的呈现形式根据不同类目有不同的特点，比如童装的平铺图点击率会较高，而女装的细节图点击率较高。

④ 宝贝标题中的关键词包含了宝贝的产品参数及重要属性，每个关键词代表着不同的流量来源入口，所以优化和完善宝贝的标题可以大幅度提高宝贝的流量。

4. 咨询量、成交量分析

一款直通车测试期的宝贝，如果通过直通车引入流量后，客服咨询量明显增多，成交量也有所提高，那么这款宝贝成为爆款的潜力就会很大；如果针对某些测试款，引入大量流量后，却无人咨询，也无成交量，那么一般就要放弃该款产品。

5. 售后、反馈分析

宝贝卖出去后，如果用户评价反馈好、退货率低，那么这样的宝贝成为爆款后就没有后顾之忧；否则，严重的售后问题会让你的爆款梦面临破碎。

4.6.2 第二步：基础优化

操作要点：进行基础优化操作，目的是使流量更精准，转化效果更好，宝贝更容易成为爆款，具体操作如图 4-15 所示。

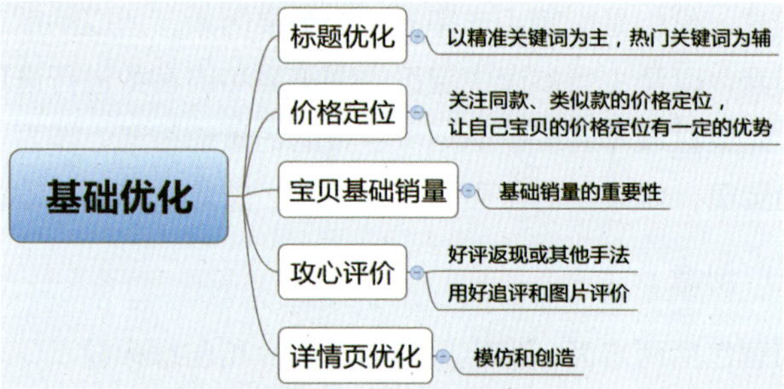

图 4-15

1. 标题优化

标题优化前期以精准关键词为主，热门关键词为辅，最大化提升流量的精准性。

前期添加关键词时可以添加部分热门词作为引流的重要来源，这部分关键词以较低的出价进行推广，以避免展现量过大；宝贝关键词以精准关键词为主，这样的关键词虽然展现量较低，但其流量精准、点击率高，可以拉高宝贝整体的点击率。

2. 价格定位

在推广前期，宝贝价格定位可以稍低一些，同时要关注同款、类似款宝贝的价格定位，尽量让自己宝贝的价格有一定的优势。

3. 宝贝基础销量

新品上架，首先要做好基础销量。因为一款新宝贝在刚上架时是没有任何流量的，缺乏用户体验，完全没有任何竞争力可言。所以，没有基础销量的宝贝无法获得好的排名，因为其不具备排名资格，也就没有展现量可言。酒香也怕巷子深，在那么多家淘宝店中想要做成旺铺，无疑需要投入更多的精力去做排名，可见基础销量的重要性。

另外，就算店铺的流量很大，零销量的宝贝也会严重影响转化率。即使你做付费推广，没有销量基础的宝贝也会严重影响店铺的转化率，从而影响宝贝的排名提升，使得原本应该是精准流量的流量变成了垃圾流量，得不偿失。

4. 攻心评价

这里可以利用好评返现或其他手法，至少要有七八个非常真实、中肯的评价，这对宝贝的转化率特别有帮助。做好淘宝攻心评价的标准如下：

① 突出产品的特色与店家的专业。

② 具有真实性，文字描述长。

③ 从各个侧面突出产品优势，如物流、质量、包装等。

④ 最好加上掌柜解释。

⑤ 用好追评和图片评价。

5. 详情页优化

收集销量排名前十的竞争对手的宝贝，分析其详情页的优点，提取一些优秀的文案、卖点，然后进行整合，组合成自己的宝贝文案，效果一般都相当不错。

4.6.3 第三步：挖词、选词、加词

操作要点：通过多种渠道挖掘宝贝关键词，前期以少量精准词为主，后期待成交量稳定后再扩大词量，如图 4-16 所示。

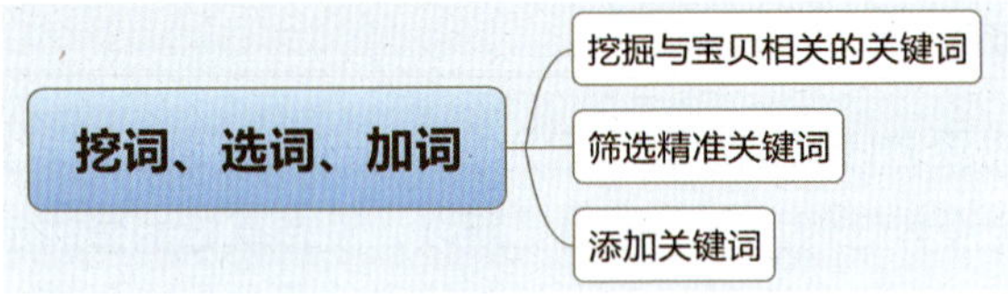

图 4-16

1. 挖掘与宝贝相关的关键词

挖掘关键词的方法很多，最常见的有行业热词榜、TOP 排行榜、搜索框的下拉提示词、TOP 20W 词、直通车热门词、利用挖掘工具批量挖掘的关键词等，大家自由发挥。

2. 筛选精准关键词

在推广前期，建议不要添加太多的杂乱词、宽泛词，这不利于优化点击率；筛选出一二十个精准关键词即可，本书第 2 章讲解了详细的关键词选词技巧。

3. 添加关键词

把筛选出来的关键词添加进去，前期建议所有关键词的匹配方式改成精准匹配，关键词基础质量得分 7 分以上的保留，低于 7 分的建议删除。

4.6.4 第四步：基础设置

操作要点：前期设置范围更小、更精准一些，后期设置范围更广、更宽泛一些，具体内容如图 4-17 所示。

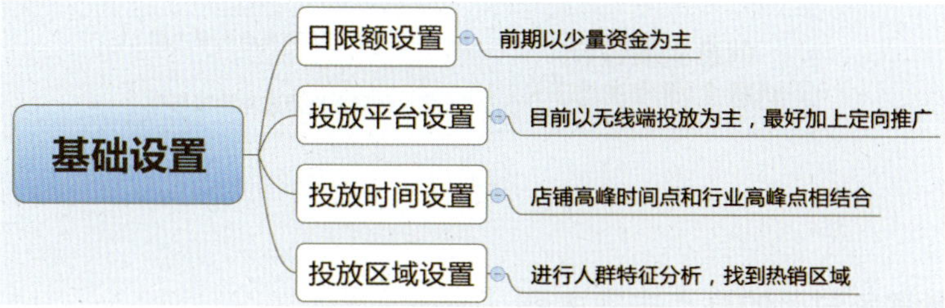

图 4-17

1. 日限额设置

在点击率测试期，日限额可以设置得低一些，以免浪费资金。一般测试创意主图时日限额设置在 500 元左右，等完成数据测试后，正式推广时再根据自己的预算设置日限额。

2. 投放平台设置

计算机、移动设备一般必投，定向推广最好投放在自己的移动设备平台上，也可以根据自己的预算决定。

3. 投放时间设置

根据行业购物高峰时段特征，合理设置折扣即可。

4. 投放区域设置

分析你产品的地区特征，如哪些地区销量大、哪些地区转化率高，从而根据这些特征加大投放。

4.6.5　第五步：创意主图设计、创意主图点击率 PK

操作要点：通过测试、PK，找到点击率最高的创意主图，如图 4-18 所示。

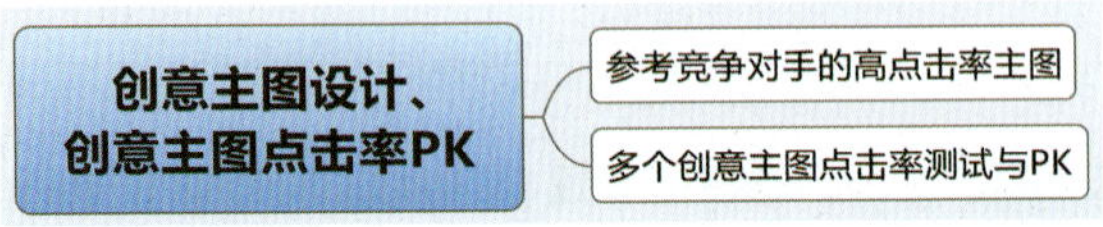

图 4-18

1. 参考竞争对手的高点击率主图

如果你不知道什么样的创意主图点击率高，那么可以收集竞争对手同类产品的创意、营销文案，或者在生意参谋后台的热销商品榜进行学习，也可以观察直通车排名靠前的竞争对手，模仿那些长期排名靠前的竞争对手的创意主图，其点击率一般不会低，可以重点参考。

2. 多个创意主图点击率测试与 PK

设计多个不同的创意主图，进行点击率的 PK。每个图片一般测试一两天基本就能知道点击率的高低，所以要不断替换创意主图，从而寻找到点击率最高的创意主图。一般每个宝贝做 9 个不同创意的主图，不停地进行测试。

4.6.6 第六步：关键词的拓展

操作要点：添加更多精准的高转化词、竞争商品数少的飙升词，扩展优质词量，如图 4-19 所示。

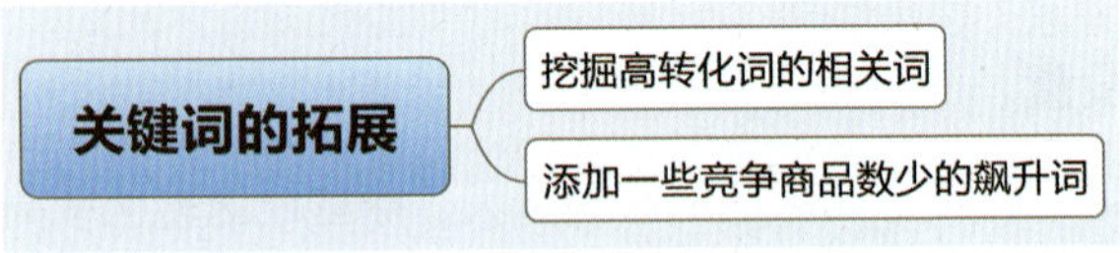

图 4-19

1. 挖掘高转化词的相关词

通过对数据进行分析、整理，找出高转化率的成交关键词，并分析这些关键词的特征、包含哪些重点词组，然后利用这些词组去挖掘更多的相关关键词。其实最重要的一点是，找到合适的关键词匹配自己的宝贝。

2. 添加一些竞争商品数少的飙升词

我们在生意参谋后台通过搜索词查询找到那些竞争商品数少、搜索人气还比较不错的黄金长尾词。

4.6.7 第七步：优化关键词

操作要点：提升整个账户的转化率，实现转化率的 ROI 最大化效果，如图 4-20 所示。

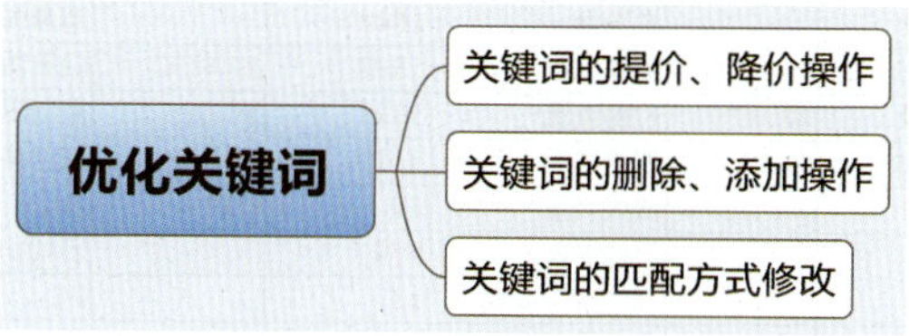

图 4-20

1. 关键词的提价、降价操作

① 高点击率、高转化率、高 ROI 的关键词提价，获取更多成交量。

② 低点击率、低转化率、低 ROI 的关键词降价，降低亏损。

2. 关键词的删除、添加操作

① 对无展现量、无点击量、无转化率的关键词进行删除操作。

② 对高转化词的相关词、引导词、低价飙升词进行添加操作。

3. 关键词的匹配方式修改

关键词的匹配方式可以根据具体情况设置为精确匹配或广泛匹配。

以上是直通车推广的流程，通过这七步，我们可以了解直通车推广的每个环节，认真完成每个操作步骤，从而有利于我们做好每个宝贝的直通车推广。最后，直通车专员的操作心态很重要，不要有太大压力，在直通车操作过程中可以阶段性地设立一个小目标，比如先做流量，再做转化，之后做 PPC、ROI 等，这样思路才会更多一些，看得更清晰一些。

4.7　店铺流量结构的优化策略

我们继续对店铺流量结构进行分析，如图 4-21 所示。

	PC流量来源	访客数	百分比	无线流量来源	访客数	百分比	付费流量	访客数	百分比
小结	总流量	990		总流量	10497		直通车	1686	14.68%
	免费流量	345	34.85%	免费流量	1838	17.51%	钻石展位	0	
	付费流量	381	38.48%	付费流量	5321	50.69%	聚划算	0	
	自主访问	228	23.03%	自主访问	3319	31.62%	淘宝客	4022	35.01%
	淘外流量	36	3.64%	淘外流量	19	0.18%	总UV	11487	
	日均访客	33		日均访客	350		日均UV	383	
	日均淘宝搜索	5		日均淘宝搜索	15		PC	990	
	日均天猫搜索	5		日均天猫搜索	7		无线	10497	

图 4-21

由图 4-21 可知，店铺自然搜索的流量偏低，PC 端日均淘宝搜索 =5，无线端日均淘宝搜索 =15。也就是说，做直通车或淘宝客推广根本没有拉升搜索关键词的流量，这时我们需要针对店铺进行优化，现阶段做好引流工作，保证店铺的日均访客数大于1000。

由于自然搜索流量占淘宝流量的比重最大，并且是免费的，所以无论是店主还是运营人员，都在挖空心思争取这部分流量。

那么，如何提高自然搜索流量呢？是一味地砸销量、争取排名，还是简单地设置一下宝贝的上下架时间，抑或是很多卖家老生常谈的标题优化？也许这些方式大家都知道，但具体的、精细化的操作流程大家可能并不清楚。

很多卖家花大力气、大把金钱去增加店铺的搜索权重，但同时却又在严重浪费淘宝的搜索权重。造成这种现象的原因很多，如知识的不对称性、人力不足、没有合适的软件工具等。

其实现在的淘宝搜索采用“以曝光率为中心的变动性排名”规则，它是一个“多维度曝光率"的展现，宝贝的总曝光机会受到标题关键词的搜索量和长尾组合的覆盖面、商品属性、店铺和宝贝自身权重、时间权重、顾客搜索条件等多维度的影响，有兴趣的读者可以自行了解淘宝搜索规则，如图 4-22 所示。

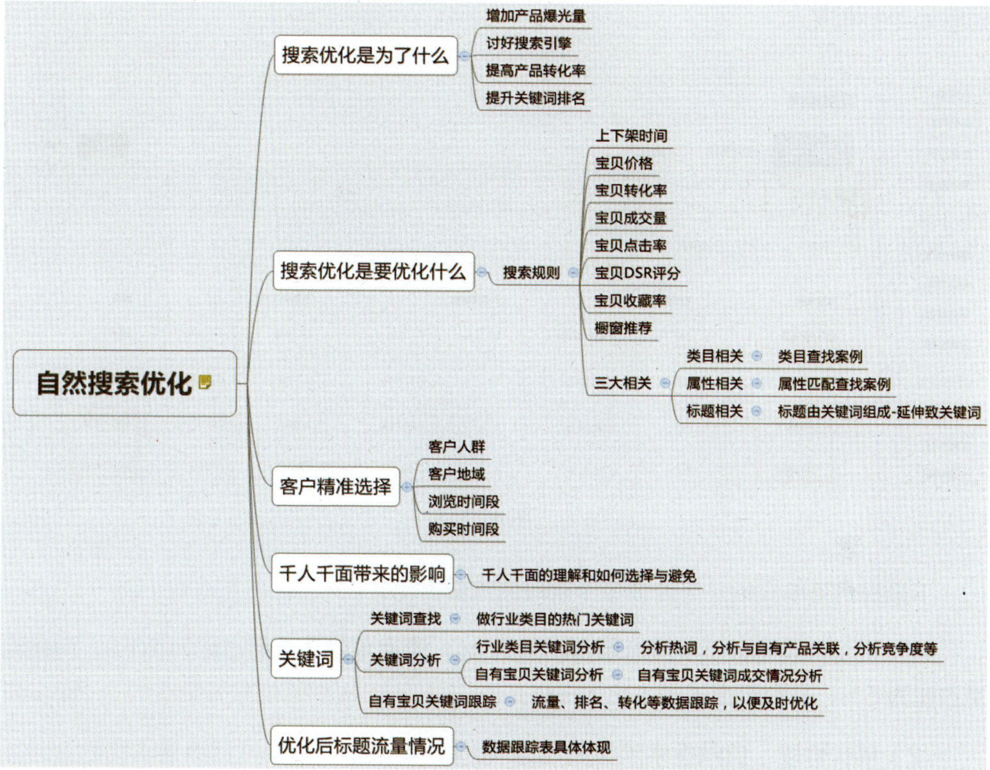

图 4-22

一家淘宝店铺具备怎样的流量结构才能适应如今的淘宝规则，才能让店铺有序地发展下去？如果我们的流量结构不合理，比如付费流量占比过高，或者流量入口数量过少，那么我们该如何去分析和改善？

1. 店铺的流量构成

目前来说，店铺的流量主要由免费流量、付费流量、自主访问及淘外流量构成。我们可以在生意参谋后台的“经营分析”→“流量地图”中查看流量来源，在流量来源页面可以看到目前系统能统计的所有流量细分入口。如果对某个流量入口的来源不太了解，那么可以单击其最右侧的“趋势”或“详情”，里面会详细介绍该流量入口统计的是哪部分流量，以及店铺该流量入口的数据变化曲线(常用来分析店铺哪部分流量出了问题)，如图 4-23 所示。

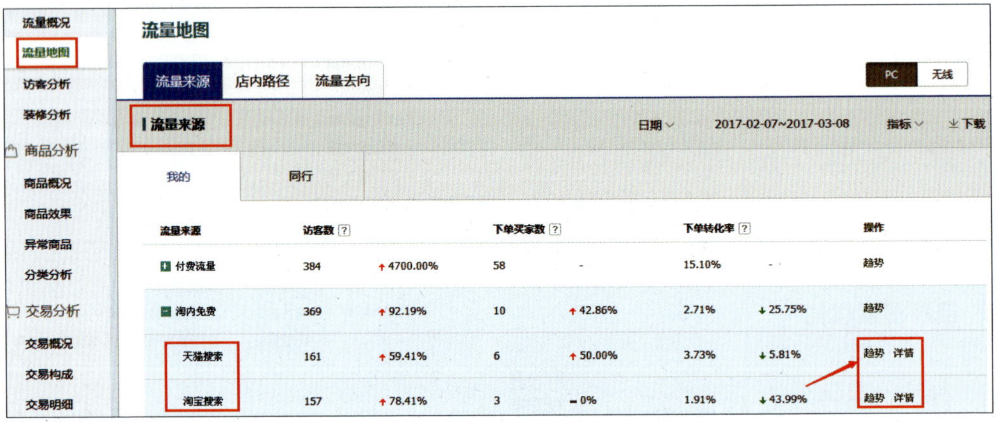

图 4-23

下面我们简单介绍一下店铺每个阶段的流量占比。

（1）初创阶段：自然搜索流量占比为 70%，直通车付费流量占比为 20%，淘客流量占比为 5%，平台运营流量占比为 5%。

（2）成长阶段：自然搜索流量占比为 40%，直通车、钻展付费流量占比为 35%，淘客流量占比为 5%，平台运营流量占比为 5%，会员流量占比为 5%。

（3）发展阶段：自然搜索流量占比为 45%，直通车、钻展付费流量占比为 25%，淘客流量占比为 10%，平台运营流量占比为 10%，会员流量占比为 10%。

（4）稳定阶段：自然搜索流量占比为 55%，直通车、钻展付费流量占比为 15%，淘客流量占比为 10%，平台运营流量占比为 5%，会员流量占比为 15%。

不同类目流量占比差距很大，所以平时要多跟同行交流或通过数据工具提取竞争对手的流量数据，长期观察并总结，自然就会清楚自己类目最适合的流量结构。

2. 付费流量的占比

大家当然希望付费流量的占比越低越好，但如果你的店铺不是有特别的优势，那么如今的淘宝不投入一定比例的付费广告已经很难维持一个店铺的正常运转。付费流量占比多少属于可控范围呢?

在店铺成立初期，付费流量没有特定的占比，如果暂时没有其他带来流量的手段，只靠付费广告的话，付费流量的占比达到 90% 以上也是有可能的，但这种情况肯定不能一直持续下去，否则店铺会严重亏损。

在店铺有了一定的销量和搜索流量后，付费流量的占比会逐渐降低。在店铺正常销售时期，付费流量的占比一般不超过 40%。当然，有些类目因为利润率高及竞争激烈，付费流量占比常年高达 60% 以上也是有可能的。

其实看店铺付费流量占比是否合理，不是看付费流量占比多少，而是应该看广告费用占全店销售额的比例。大多数店铺都应该将广告费用占比控制在 12% 左右，利润率高的类目可以酌情提高广告费用占比。

如果你的店铺运营已经非常稳定，那么可以考虑把广告费用占比控制在 6% ~ 8%。

3. 付费流量无法带动免费流量的原因

有不少进行直通车推广的中小卖家来咨询我，为什么进行直通车推广后，店铺的自然搜索流量没有提升?

其实，直通车推广能否带动自然搜索流量是有前提的：

第一，通过直通车推广带来的流量是否适合你的店铺和宝贝。

第二，直通车推广带来的流量需要到达一定量时，才会带动店铺的整体流量。

第三，店铺通过直通车进行推广的宝贝是否适合这个市场，这就涉及选品和测款问题了。

4. 如何分析流量问题

这里“流量问题”主要指流量急剧下滑。出现这种情况时，我们需要进行如下分析。

（1）行业情况。在生意参谋的行情大盘或者生意经检查最近的行情流量趋势和成交趋势，如果行业大势在下降，那么流量自然会受影响。

（2）与同行进行交流，确认是否存在系统统计数据异常，这种情况也是经常发生的。很多时候流量急剧下滑，有可能不是自身问题，而是淘宝系统出问题了，这时要先与其他同行进行交流，避免自己做出错误的判断。

（3）店铺总体流量趋势。分析店铺总体流量趋势，查看店铺的整体情况，如流量来源占比、店铺的引流关键词、店铺近 7 天的转化率、店铺的引流关键词及宝贝排名等。如果排名下降，则需要分析原因，看是否是 DSR 下降或存在违规降权。

（4）在生意参谋后台分析是主推宝贝单个流量下滑还是全店所有宝贝流量同步下滑。如果只是某款主推宝贝单个流量大幅度下滑，而其他款的流量没有大的变化，那么要针对该款宝贝进行分析。

（5）观察竞争对手的情况，看其是否有大促销或同质化产品出现。

（6）如果不是单个流量入口的问题（如搜索或手机淘宝首页），而是所有入口的流量都在下滑，那么我们就要把该款宝贝每天的数据拆分开来，如点击率、收藏率，加购率、跳失率、转化率等，观察宝贝销量变化曲线，找出问题根源。

（7）如果全店铺所有宝贝的流量都在下滑，那么就要关注一下店铺的动态评分，特别是售后服务评分，是否近期一直呈下降趋势。导致全店铺流量同时下滑的因素包括季节、竞争对手、官方活动、搜索规则变动等，逐项进行排除，直到找到产生问题的原因。

流量下滑是有原因的，而且会在异常数据上体现出来，我们要做的就是找到异常数据，分析原因，并寻找解决方法。

5. 如何打造好的店铺流量结构

好的流量结构要控制各种流量的入口占比，无非就是要做好以下几点：

（1）合理的产品结构，宝贝数量不宜过少；店铺整体的风格、价位尽量统一，这样才能吸引同一类人群，从而获得精准定位，获得足够多的免费流量。

（2）宝贝标题是自然搜索流量的入口，也是系统对宝贝进行精准定位的依据之一，所以非常有必要花时间对所有宝贝进行关键词布局，使宝贝之间错开竞争，抢占尽可能多的关键词入口。

（3）上下架时间的布局也是完善流量结构的一部分，保证在每天的每个时间段都有宝贝参与竞争流量。

（4）适当的付费广告占比，不要过于关注直通车或钻展的投产比，而是要多考虑一下全店的投产比。有可能从直通车账面上看是亏损的，但从长远来看，直通车带给你的人气、精准定位、访客足迹等是盈利的。

（5）尽可能增加流量入口数量，流量入口越丰富，系统给予的店铺权重越高，越有利于免费流量的引入。

（6）关注同行的流量结构分布，对比查看自己缺少哪部分流量，让自己这部分流量跟得上同行。

第 5 章

关键词运营策略

宝贝标题关键词的选取是我们淘宝 SEO 工作中的重要一环。如果我们在店铺运营前期就选准了关键词，那么以后的搜索推广或者直通车推广工作就会事半功倍。

作为流量的重要入口，宝贝的标题至关重要。一个好的标题会有 100 ~ 1000 个引流关键词，而差的标题有用的关键词可能就几个，这其中的差距非常大。很多人之所以做不好店铺，宝贝标题就是主要原因之一。一个关键词意味着一个流量入口，关键词越多，带来的流量就会越多。在淘宝开店，除店铺装修外，宝贝标题的优化工作也是非常重要的。要知道，想要做好淘宝店铺，撇开产品本身的质量、价格、性价比不谈，好的标题是打造爆款的关键因素。

5.1　关键词排序

不同的关键词排列顺序，其曝光量也是不一样的，所以一个宝贝的标题组合顺序非常重要，如图 5-1 所示。

搜索词查询 累计值
最近1天（2017-07-30~2017-07-30） 所有终端
当前搜索词： 净水器家用　展开

关键词	搜索人气	搜索人数占比	搜索热度	点击率	商城点击占比	在线商品数	直通车参考价
净水器家用	18,808	30.79%	38,300	108.64%	85.28%	235,475	4.25
净水器家用直饮	9,947	10.80%	20,608	109.56%	85.94%	101,569	4.20
沁园净水器家用	5,155	3.75%	10,022	86.50%	81.50%	3,115	3.96
净水器家用直饮加热一...	3,673	2.20%	7,170	85.84%	82.40%	2,185	2.92
净水器家用 沁园	3,666	2.19%	6,831	90.80%	78.67%	3,113	3.96
净水器家用 净水机	3,089	1.68%	6,134	94.01%	81.04%	148,935	3.33
净水器家用厨房	2,985	1.59%	6,673	102.11%	80.64%	110,724	4.26
家用净水器	2,913	1.54%	6,568	121.95%	87.26%	235,473	4.25
净水器家用直饮 史密斯	2,862	1.49%	4,553	81.33%	87.00%	143	1.79

图 5-1

通过图 5-1 我们可以发现，“净水器家用”最近 1 天的搜索人气是 18 808，而官方给我们的“搜索人气”的定义是根据搜索人数拟合出的指数类指标。其实我们可以这样理解，搜索人气指的是搜索人次，相当于 UV（访客）的人数，同一个人搜索多次算 1 人次。那么，这则表示最近 1 天在淘宝网有将近 18 808 人通过“净水器家用”来搜索有此类标题或者属性的宝贝。

而另一个关键词“家用净水器”最近 1 天的搜索人气是 2913，与“净水器家用”的搜索人气相差 6 倍之多，这就是由关键词的排列顺序不同所导致的。关键词排序原则如图 5-2 所示。

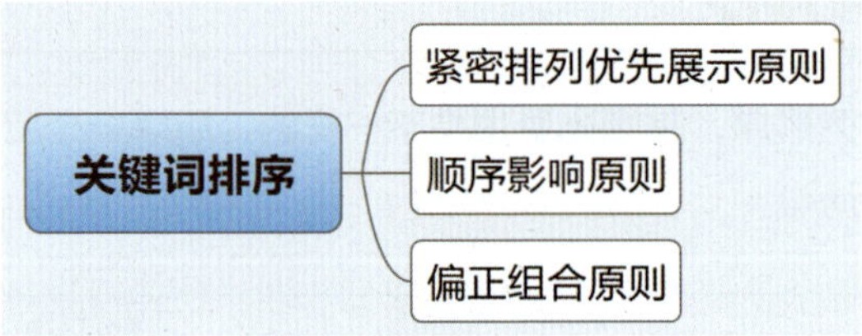

图 5-2

5.1.1 紧密排列优先展示原则

比如，“净水器家用”和“家用净水器”这 2 个关键词。其中，“净水器家用”是紧密组合，不能分开。我们可以做一个实验，把“净水器家用”用空格分开，变成“净水器 家用”，然后通过生意参谋后台的“搜索词查询”查看结果，如图 5-3 所示。我们可以发现，“净水器家用”的搜索人气是 18 613，而“净水器 家用”的搜索人气是 1202，这就证明“净水器家用”在组合标题中一定要紧密排列，这样才能保证宝贝标题导入最大流量的可能性。

图 5-3

比如以下两个标题：

标题一：XX 净水器水龙头净水器家用直饮净水机**水龙头过滤器**自来水过滤器

标题二：XXJN-15 **水龙头**净水器 自来水**过滤器**家用厨房非直饮机净化滤水器

如果买家搜索“水龙头过滤器”，那么系统会优先展示标题一。

大家需要注意的是，紧密排列优先展示原则只适用于两个宝贝标题其他权重相近的情况。我们在组合宝贝标题时，在宝贝权重比较低的情况下，需要考虑紧密排列优先展示原则；在店铺宝贝优化两周后，宝贝的搜索权重有所提升，再次优化标题时，可以暂时不考虑紧密排列优先展示原则。

5.1.2　顺序影响原则

如果一个词是用一个或几个空格隔开的，那么分开的词可以任意顺序排列。

例如，“2017 新款 女士 风衣”“女士 2017 风衣 新款”或“风衣 女士 新款

2017”这三个词的搜索人气效果是相同的。当时权威的解读是，要有空格顺序才无关影响，如“女士 风衣”和“风衣 女士”这 2 个词的搜索人气效果无关影响。

如今的淘宝，关键词顺序的影响其实是相对的，前后排列的顺序都有不同权重的影响，大家可以在淘宝后台进行搜索并对照，会有不一样的发现。

1. 带空格关键词前后顺序颠倒

例如，“家用 净水器”与“净水器 家用”这两个关键词。从图 5-4 中可以看出，当关键词的排列顺序颠倒时，其搜索人气相对来说也会发生改变，“净水器 家用”的搜索人气是 1202，“家用 净水器”的搜索人气是 213，这证明带空格的关键词前后顺序颠倒还是有影响的，所以这个因素一定要考虑进去。

图 5-4

2. 紧密排列关键词前后顺序颠倒

例如，“水龙头过滤器”和“过滤器水龙头”这两个关键词。如图 5-5 所示，我们看到这两个关键词前后顺序颠倒后搜索人气差了近两倍。

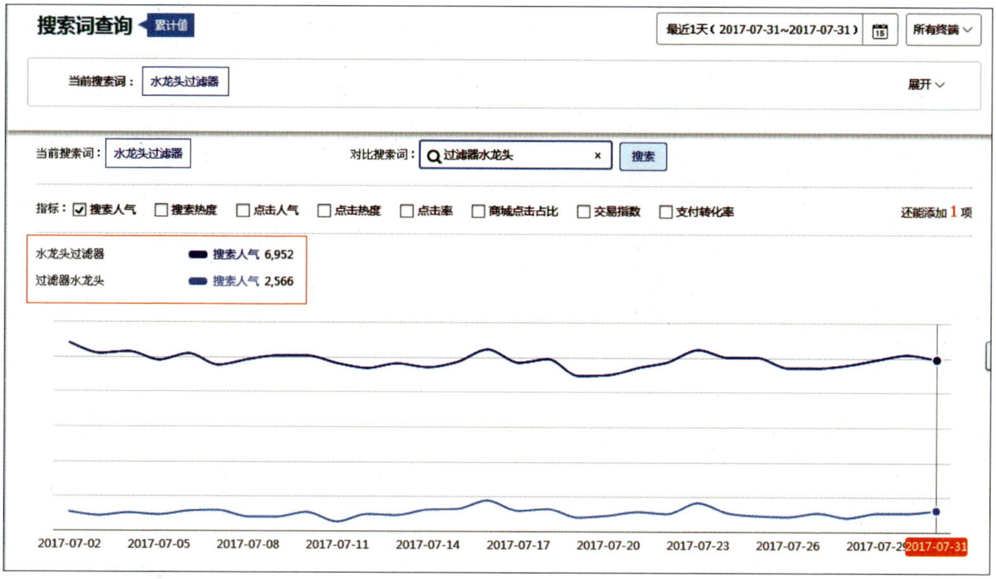

图 5-5

在组合宝贝标题的时候，我们经常会寻去找一些与自身产品相关的、流量大的关键词，或者在直通车推广时尽量把一些高转化率的关键词添加到标题中。当然，这需要我们对核心关键词深度利用。

（1）紧密排列优先展示。作为核心关键词或主推关键词，要让这个关键词的权重最大化，不仅要与自己的宝贝相匹配，而且还要紧密排列，从而使这个关键词的作用最大化。

（2）标题组合顺序略微改变，所能得到的紧密关键词就会发生无穷组合变化，找出包含最多、最重要（搜索人气最大且与宝贝权重相匹配）紧密关键词的标题组合，才是我们店铺最需要做的事。

5.1.3 偏正组合原则

偏正组合原则，即关键词由修饰语和中心语组成，结构成分之间有修饰与被修饰的关系。修饰词最好放在标题前面，名词放在后面，如“2017 新款修身大码女装夏”。

如果按照权重优先排列，则紧密排列优先展示原则 > 顺序影响原则 > 偏正组合原则。也就是说，我们在组合标题时最应该考虑的是紧密排列优先原则。

5.2 标题组合逻辑实操

如何进行标题组合，是一件非常考究的事情，下面给大家简单介绍一下。

（1）首先要确认核心关键词是主词，而主词一般是大词。当然，在类目非常大的情况下，建议采用二级词，如淘宝下拉框词。

（2）以主词为搜索词，搜索相关词，筛选 4 个维度。

① 搜索人气：统计日期内，根据搜索人数拟合出的指数类指标。搜索人气越高，表示搜索人数越多。

② 点击率：统计日期内，用户搜索后点击商品的点击数 / 用户搜索行为数。

③ 在线商品数：获取当前淘宝主搜商品包含目标关键词的在线商品数。

④ 付转化率：统计时间内，支付买家数 / 访客数，即来访客户转化为支付买家的比例。

步骤 1 进入生意参谋后台，选择“市场”→“搜索词查询”，在搜索框内输入你要查询的关键词，如图 5-6 所示。

图 5-6

步骤 2　用核心关键词搜索找出黄金关键词。进入生意参谋后台，选择“市场”→“搜索词查询”，在搜索框内输入宝贝的核心关键词，时间维度选择最近 7 天，然后单击“相关搜索词”，如图 5-7 所示。

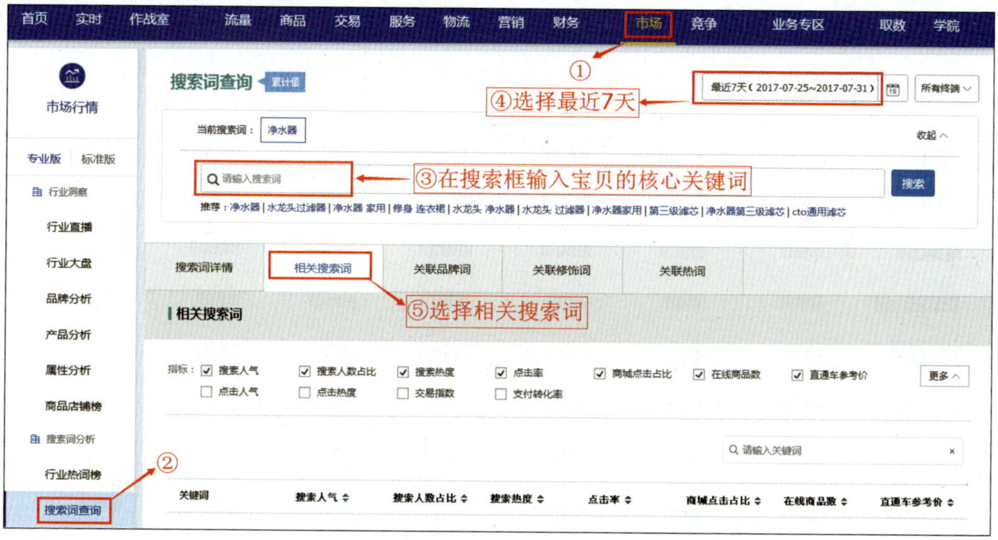

图 5-7

步骤 3　在“相关搜索词”的指标选项中勾选我们店铺需要参考的指标，如图 5-8 所示。

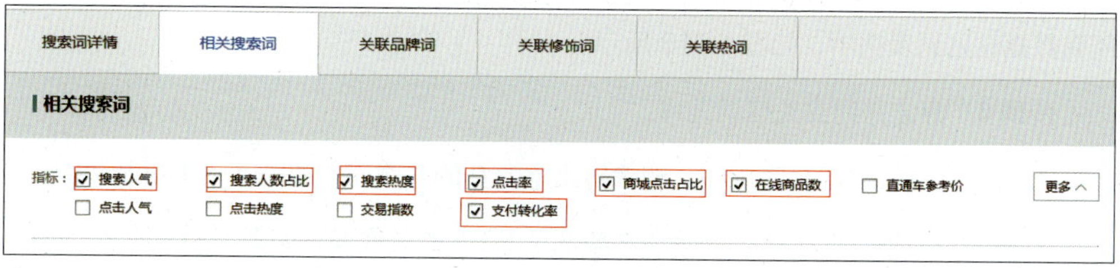

图 5-8

这里我们虽然选择了 7 个参考指标，但重点关注其中的 4 个指标，即搜索人气、点击率、在线商品数和支付转化率。

步骤 4　选中我们搜索出来的所有关键词，然后选择复制，如图 5-9 所示。

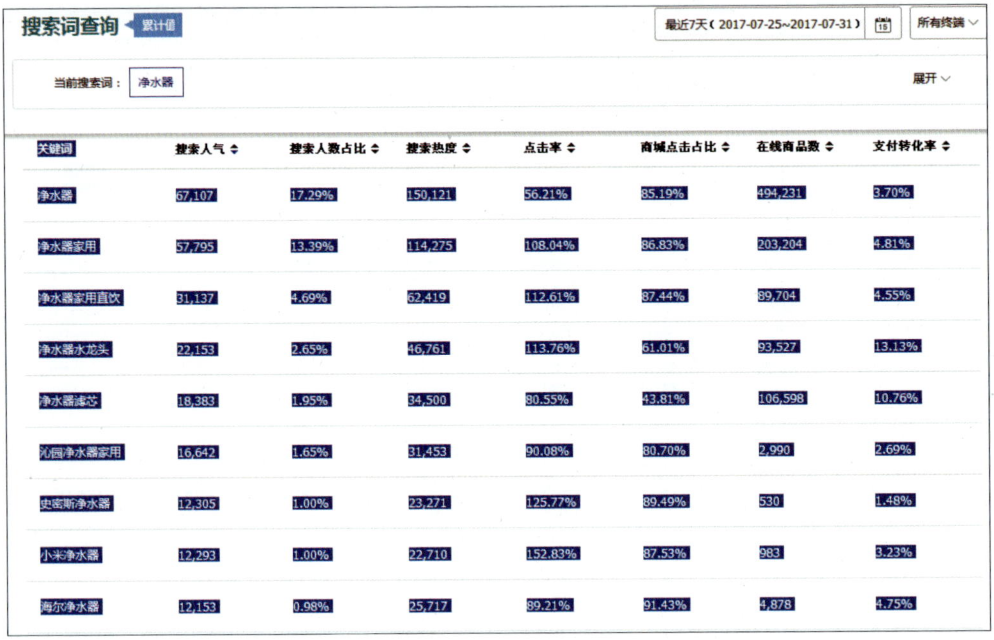
搜索词查询 累计值　最近7天（2017-07-25~2017-07-31）　所有终端

当前搜索词：净水器　展开

关键词	搜索人气	搜索人数占比	搜索热度	点击率	商城点击占比	在线商品数	支付转化率
净水器	67,107	17.29%	150,121	56.21%	85.19%	494,231	3.70%
净水器家用	57,795	13.39%	114,275	108.04%	86.83%	203,204	4.81%
净水器家用直饮	31,137	4.69%	62,419	112.61%	87.44%	89,704	4.55%
净水器水龙头	22,153	2.65%	46,761	113.76%	61.01%	93,527	13.13%
净水器滤芯	18,383	1.95%	34,500	80.55%	43.81%	106,598	10.76%
沁园净水器家用	16,642	1.65%	31,453	90.08%	80.70%	2,990	2.69%
史密斯净水器	12,305	1.00%	23,271	125.77%	89.49%	530	1.48%
小米净水器	12,293	1.00%	22,710	152.83%	87.53%	983	3.23%
海尔净水器	12,153	0.98%	25,717	89.21%	91.43%	4,878	4.75%

图 5-9

步骤 5　新建一个 Excel 表格，表头与搜索关键词的指标对应，然后把刚才复制的所有数据粘贴到表格中，如图 5-10 所示。

步骤 6　筛选并建立关键词词库。

① 按照支付转化率升序排序，删除转化率为 0 的关键词，如图 5-11 所示。

② 按照点击率升序排序，删除点击率低于 50% 的关键词，如图 5-12 所示。

③ 对剩余关键词进行去重。方法很简单，选中 Excel 表格，选择“数据”→“删除重复项”即可，如图 5-13 所示。

	A	B	C	D	E	F	G	H
1	关键词	搜索人气	搜索人数占比	搜索热度	点击率	商城点击占比	在线商品数	支付转化率
2	净水器	67,107	17.29%	150,121	56.21%	85.19%	494,231	3.70%
3	净水器家用	57,795	13.39%	114,275	108.04%	86.83%	203,204	4.81%
4	净水器家用直饮	31,137	4.69%	62,419	112.61%	87.44%	89,704	4.55%
5	净水器水龙头	22,153	2.65%	46,761	113.76%	61.01%	93,527	13.13%
6	净水器滤芯	18,383	1.95%	34,500	80.55%	43.81%	106,598	10.76%
7	沁园净水器家用	16,642	1.65%	31,453	90.08%	80.70%	2,990	2.69%
8	史密斯净水器	12,305	1.00%	23,271	125.77%	89.49%	530	1.48%
9	小米净水器	12,293	1.00%	22,710	152.83%	87.53%	983	3.23%
10	海尔净水器	12,153	0.98%	25,717	89.21%	91.43%	4,878	4.75%
11	3m净水器	12,121	0.98%	21,844	81.24%	84.02%	6,964	3.29%
12	净水器家用 沁园	11,768	0.93%	21,296	89.01%	80.86%	2,990	2.59%
13	美的净水器	11,696	0.92%	26,441	56.76%	82.55%	7,831	2.31%
14	净水器家用直饮加热一体机	11,580	0.91%	22,077	85.72%	83.14%	1,904	1.78%
15	沁园净水器旗舰店官方店	11,057	0.84%	20,884	60.01%	79.79%	28	1.06%
16	沁园净水器滤芯	10,551	0.78%	21,215	92.52%	18.16%	5,083	10.13%
17	净水器家用 净水机	10,368	0.76%	19,444	93.10%	83.83%	129,268	3.86%
18	家用净水器	9,913	0.71%	21,348	113.03%	86.51%	202,614	5.81%
19	安吉尔净水器	9,524	0.66%	19,879	54.07%	74.26%	5,254	2.14%
20	美的净水器家用	9,359	0.64%	19,065	95.35%	85.86%	1,934	2.85%
21	净水器家用直饮 史密斯	9,310	0.64%	14,479	78.69%	87.07%	150	0.79%
22	安吉尔净水器滤芯	9,125	0.62%	17,434	78.34%	14.87%	2,351	4.70%
23	净水器家用厨房	9,084	0.61%	18,143	114.67%	85.63%	95,266	5.63%
24	净水器家用直饮 净水机	8,908	0.59%	16,359	89.27%	85.27%	70,938	4.30%
25	沁园净水器	8,897	0.59%	19,134	67.39%	84.23%	10,236	2.69%
26	善之泉净水器	8,778	0.58%	17,338	71.33%	28.36%	1,079	0.83%
27	史蒂夫净水器	8,383	0.54%	16,945	118.61%	4.09%	135	1.16%
28	过滤器 净水器	8,339	0.53%	16,790	105.02%	78.07%	211,651	8.72%

图 5-10

1	关键词	搜索人气	搜索人数占比	搜索热度	点击率	商城点击占	在线商品数	支付转化率
2	纳可露净水器	4,524	0.20%	9,044	72.35%	1.81%	9	0.00%
3	永源净水器	3,888	0.16%	8,111	73.42%	0.70%	84	0.00%
4	格卡诺净水器	3,883	0.16%	7,970	67.99%	1.76%	40	0.00%
5	华津时代净水器	3,825	0.15%	7,889	69.32%	2.63%	168	0.00%
6	净水器ao史密斯	3,642	0.14%	4,600	283.84%	99.81%	258	0.00%
7	诺百纳净水器	3,466	0.13%	6,768	107.51%	1.20%	81	0.00%
8	洛瑞克净水器	3,439	0.13%	7,204	77.23%	1.09%	105	0.00%
9	净之源净水器	3,418	0.13%	6,716	78.19%	2.13%	150	0.00%
10	完美净水器	3,249	0.12%	6,626	96.32%	1.41%	176	0.00%
11	泉水湾净水器	3,048	0.11%	5,826	84.82%	1.43%	13	0.00%
12	林斯特净水器家用	3,004	0.11%	5,582	74.55%	1.26%	49	0.00%
13	净水器淋浴活性炭花洒滤水器	2,892	0.10%	3,068	88.53%	0.00%	59	0.00%
14	厂家直销净水器滤芯10寸udf椰壳颗粒活性炭	2,771	0.09%	2,924	103.71%	0.00%	5	0.00%
15	浩泽净水器直饮机	2,742	0.09%	5,063	47.69%	51.45%	85	0.00%
16	ro膜滤芯50g/75g/100g/净水器ro反渗透家用	2,626	0.09%	2,812	99.76%	0.00%	368	0.00%
17	永汇净水器	2,559	0.08%	5,281	77.23%	3.74%	63	0.00%
18	越美 净水器	2,546	0.08%	4,810	113.98%	4.25%	21	0.00%
19	卫尚泉净水器	2,523	0.08%	5,611	77.10%	1.26%	69	0.00%
20	净之泉净水器jzq-1000	2,340	0.07%	4,566	85.05%	28.31%	40	0.00%
21	科选k5净水器	2,333	0.07%	5,165	70.70%	0.52%	58	0.00%
22	雅肯净水器家用	2,301	0.07%	4,282	79.49%	37.96%	58	0.00%
23	韩乐净水器	2,294	0.07%	4,763	85.02%	1.48%	338	0.00%
24	金诗雨净水器	2,244	0.07%	4,077	57.70%	3.02%	45	0.00%
25	创维净水器	2,199	0.07%	4,416	52.89%	10.83%	156	0.00%
26	林斯特净水器	2,197	0.07%	4,158	82.22%	3.00%	99	0.00%
27	宝嘉康五级超滤净水器	2,118	0.06%	4,626	78.66%	3.14%	29	0.00%
28	世清泉净水器	2,095	0.06%	3,995	50.93%	4.75%	11	0.00%

图 5-11

	关键词	搜索人气	搜索人数占比	搜索热度	点击率	商城点击占比	在线商品数	支付转化率
2	净水器水龙头 过滤器十大品牌	1,648	0.04%	2,795	39.04%	3.64%	29	0.76%
3	澳柯玛净水器	1,801	0.05%	3,344	41.97%	1.52%	56	1.76%
4	汉品尼斯净水器	1,490	0.04%	2,930	43.00%	.65%	10	0.68%
5	美的净水器家用直饮加热一体机	2,110	0.06%	3,352	44.91%	1.94%	8	0.54%
6	海尔净水器滤芯 家用 五级	1,684	0.04%	3,105	47.29%	4.24%	34	1.37%
7	自来水过滤器家用 净水器 一级	1,787	0.05%	2,996	47.84%	0.63%	528	5.41%
8	海尔净水器家用直饮机五级净水	2,509	0.08%	4,245	49.69%	4.60%	133	1.09%
9	净水器过滤芯	2,009	0.06%	3,952	51.30%	35.21%	44,772	9.14%
10	净水器家用 飞利浦	2,079	0.06%	3,449	52.26%	90.18%	949	1.14%
11	净水器滤芯 通用 全套	1,335	0.03%	2,448	52.58%	5.90%	1,776	2.91%
12	沁园净水器旗舰店官方店 家用	1,582	0.04%	2,764	53.19%	75.12%	27	0.96%
13	安吉尔净水器	9,524	0.66%	19,879	54.07%	74.26%	5,254	2.14%
14	净水器家用 净水机 饮水机台式	1,404	0.03%	2,617	54.40%	59.80%	5,577	1.89%
15	净水器滤芯 套装	1,546	0.04%	2,983	55.56%	13.53%	8,468	20.16%
16	滤芯 净水器	1,971	0.06%	3,603	55.65%	26.57%	106,028	5.70%
17	净水器滤芯 家用	1,493	0.04%	2,753	55.86%	19.87%	37,040	7.75%
18	九阳净水器家用净水机五级过滤	1,555	0.04%	3,060	56.02%	54.21%	207	4.84%
19	净水器	67,107	17.29%	150,121	56.21%	85.19%	494,231	3.70%
20	美的净水器	11,696	0.92%	26,441	56.76%	82.55%	7,831	2.31%
21	净水器家用直饮加热一体机壁挂	2,855	0.10%	5,134	57.77%	39.61%	559	0.51%
22	沁园净水器家用直饮机 自来水	1,439	0.04%	2,478	58.55%	70.05%	626	3.31%
23	天之蓝净水器	2,777	0.09%	5,632	58.61%	2.88%	62	0.89%
24	安之源净水器家用	1,348	0.03%	2,775	58.83%	4.35%	298	0.71%
25	沁园净水器旗舰店官方店	11,057	0.84%	20,884	60.01%	79.79%	28	1.06%
26	净水器家用直饮 安吉尔	1,736	0.05%	3,062	60.25%	62.50%	1,059	1.27%
27	净水器滤芯 通用 活性炭	1,971	0.06%	3,910	60.33%	4.62%	8,296	7.56%
28	惠而浦净水器	2,810	0.10%	5,120	60.95%	28.81%	305	0.53%

图 5-12

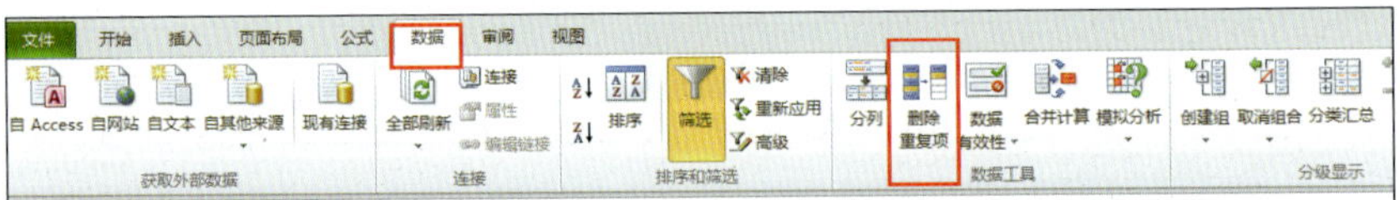

	关键词	搜索人气	搜索人数占比	搜索热度	点击率	商城点击占比	在线商品数	支付转化率
2	净水器过滤芯	2,009	0.06%	3,952	51.30%	35.21%	44,772	9.14%
3	净水器家用 飞利浦	2,079	0.06%	3,449	52.26%	90.18%	949	1.14%
4	净水器滤芯 通用 全套	1,335	0.03%	2,448	52.58%	5.90%	1,776	2.91%
5	沁园净水器旗舰店官方店 家用	1,582	0.04%	2,764	53.19%	75.12%	27	0.96%
6	安吉尔净水器	9,524	0.66%	19,879	54.07%	74.26%	5,254	2.14%
7	净水器家用 净水机 饮水机台式	1,404	0.03%	2,617	54.40%	59.80%	5,577	1.89%
8	净水器滤芯 套装	1,546	0.04%	2,983	55.56%	13.53%	8,468	20.16%
9	滤芯 净水器	1,971	0.06%	3,603	55.65%	26.57%	106,028	5.70%
10	净水器滤芯 家用	1,493	0.04%	2,753	55.86%	19.87%	37,040	7.75%
11	九阳净水器家用净水机五级过滤	1,555	0.04%	3,060	56.02%	54.21%	207	4.84%
12	净水器	67,107	17.29%	150,121	56.21%	85.19%	494,231	3.70%
13	美的净水器	11,696	0.92%	26,441	56.76%	82.55%	7,831	2.31%
14	净水器家用直饮加热一体机壁挂	2,855	0.10%	5,134	57.77%	39.61%	559	0.51%
15	沁园净水器家用直饮机 自来水	1,439	0.04%	2,478	58.55%	70.05%	626	3.31%
16	天之蓝净水器	2,777	0.09%	5,632	58.61%	2.88%	62	0.89%
17	安之源净水器家用	1,348	0.03%	2,775	58.83%	4.35%	298	0.71%
18	沁园净水器旗舰店官方店	11,057	0.84%	20,884	60.01%	79.79%	28	1.06%
19	净水器家用直饮 安吉尔	1,736	0.05%	3,062	60.25%	62.50%	1,059	1.27%
20	净水器滤芯 通用 活性炭	1,971	0.06%	3,910	60.33%	4.62%	8,296	7.56%
21	惠而浦净水器	2,810	0.10%	5,120	60.95%	28.81%	305	0.53%
22	华邦泉净水器家用	2,090	0.06%	4,508	60.97%	4.12%	3	0.31%
23	佳尼特净水器	2,511	0.08%	5,081	61.61%	91.94%	479	0.64%
24	长虹净水器	2,154	0.06%	4,529	62.00%	18.76%	150	0.60%
25	益之源净水器	3,163	0.11%	5,981	62.22%	14.48%	1,626	2.20%
26	净水器滤芯 自来水	2,628	0.09%	4,866	62.78%	24.76%	14,977	6.12%
27	美的 净水器	1,639	0.04%	3,000	62.96%	86.62%	7,831	2.96%
28	朗诗德净水器 家用正品	3,120	0.11%	5,755	63.38%	20.56%	14	0.19%

图 5-13

不过，大家需要注意的是，在删除重复项时只勾选“关键词”项，而不勾选其他项，如图 5-14 所示。

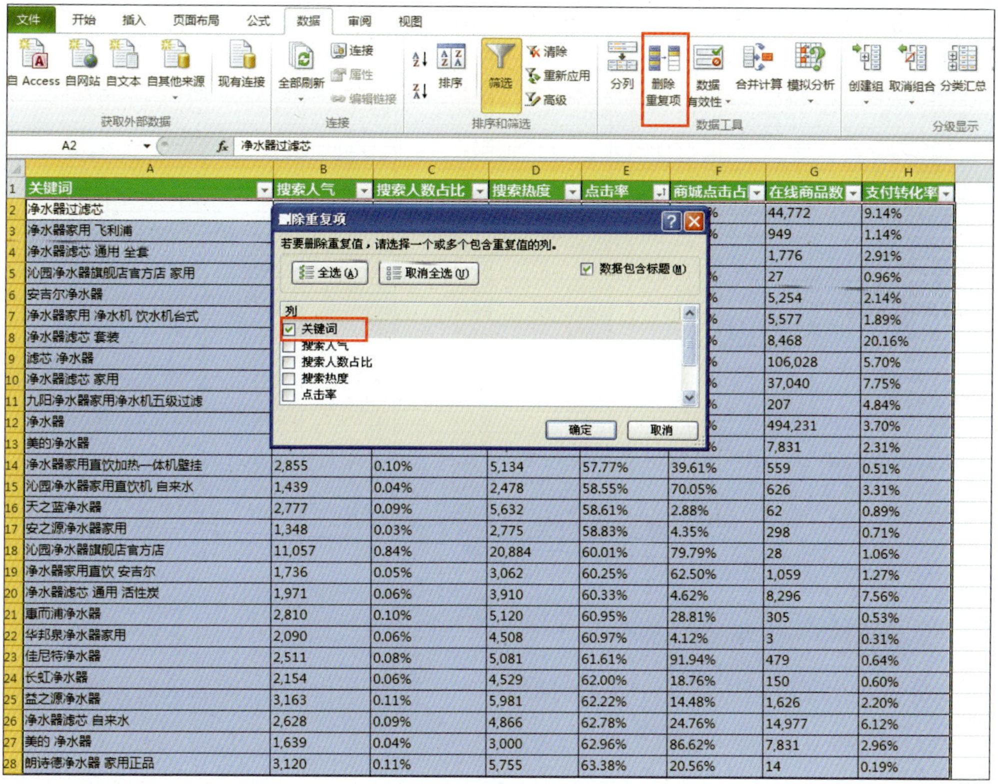

图 5-14

④ 前面三步工作完成后，我们对剩下的关键词再进行一次筛选，这时候要考虑到类目的搜索人气问题。如果店铺经营的是大类目，那么要把搜索人气低于主推关键词的搜索人气 5% 以下的关键词删除。例如，净水器的搜索人气 =67 107，则最低的搜索人气 =67 107×5%=3355。所以，我们要把搜索人气低于 3355 的关键词进行删除，如图 5-15 所示。

如果店铺经营的是特别小的类目，本身就没有很多词，那么这一步就可以省略。有些具体的标准自己衡量即可，每个类目的选词都有很多不同的方法。

关键词	搜索人气	搜索人数占比	搜索热度	点击率	商城点击占	在线商品数	支付转化率
小型净水器	1,254	0.03%	2,313	68.44%	33.65%	11,042	3.92%
荣事达净水器家用直饮 纯水机	1,254	0.03%	2,485	71.43%	25.86%	27	0.72%
净水器家用直饮加热一体机台式	1,257	0.03%	2,169	85.08%	62.21%	666	1.14%
净水器水龙头 直饮	1,257	0.03%	2,573	88.37%	60.22%	24,877	13.24%
碧水源净水器 家用	1,257	0.03%	2,448	85.67%	50.86%	554	1.60%
美菱净水器机	1,257	0.03%	2,637	70.22%	42.21%	437	0.67%
沁园旗舰店官方店旗舰净水器	1,268	0.03%	2,321	122.76%	87.47%	28	3.33%
厨房净水器过滤器	1,268	0.03%	2,782	119.78%	81.46%	86,332	6.00%
爱尼克斯净水器	1,271	0.03%	2,605	107.25%	65.33%	432	2.61%
仕瀚净水器	1,275	0.03%	2,782	82.65%	16.45%	135	1.18%
小米净水器 家用	1,281	0.03%	2,585	122.55%	86.47%	585	0.61%
净水器家用厨房自来水过滤器	1,281	0.03%	2,686	114.72%	70.76%	60,994	3.79%
颐芯净水器	1,281	0.03%	2,729	92.50%	5.68%	634	3.25%
宝莱特净水器	1,288	0.03%	2,655	83.44%	48.44%	168	1.17%
赫柏绿源净水器	1,295	0.03%	2,983	92.37%	5.31%	83	1.66%
沐浴净水器	1,298	0.03%	3,729	147.96%	53.75%	3,043	12.31%
扬子净水器家用净水机	1,302	0.03%	2,962	73.35%	3.75%	376	1.85%
海尔净水器家用 自来水	1,305	0.03%	2,657	84,77%	89.71%	1,223	5.00%
净水器3m	1,312	0.03%	2,628	80.26%	90.43%	6,964	3.05%
欧恩净水器	1,312	0.03%	2,704	83.78%	76,25%	52	0.68%
安吉尔净水器家用	1,322	0.03%	3,004	65.52%	80.10%	1,797	3.54%
苏泊尔净水器	1,325	0.03%	2,548	93.89%	83.73%	70	1.22%
三菱净水器	1,329	0.03%	2,845	111.72%	10.49%	503	8.19%
爱华普净水器	1,332	0.03%	2,677	113.38%	75.26%	856	3.91%
夏新净水器 净水机 家用	1,332	0.03%	2,996	73.27%	4.73%	108	0.54%
净水器滤芯 通用 全套	1,335	0.03%	2,448	52.58%	5.90%	1,776	2.91%
净水器水泵	1,335	0.03%	3,000	87.90%	5.90%	28,137	9.77%

图 5-15

⑤ 去除相关性比较差的关键词，包含无关品牌的关键词。

⑥ 把剩余关键词按照支付转化率降序排序，并标注相对转化率较高的关键词，如图 5-16 所示。

这里需要说明的是，我们的主推关键词“净水器”的支付转化率是 3.70%，如果按照转化率优选，那么建议取值主推关键词的支付转化率 ×2.5=9.25%。所以，我们选取的支付转化率要大于 9.25%，这样前期推广的关键词词库就可以建立了。对于淘宝来说，每一份自然流量都是有价值的！一个单品能否排名靠前，获取更大的流量，就取决于这个单品是否能为这些有价值的自然流量带来转化。

⑦ 虽然现在我们已经得到了转化率还不错的关键词，但这还不是最好的关键词，我们还需要查看其他指标，选出黄金关键词。

单个宝贝流量指数 = 搜索人气 / 在线商品数，降序排序，如图 5-17 所示。

关键词	搜索人气	搜索人数占比	搜索热度	点击率	商城点击占	在线商品数	支付转化率
净水器滤芯pp棉	3,582	0.14%	8,205	102.83%	36.71%	20,186	20.76%
净水器水龙头 配件	3,422	0.13%	7,965	96.85%	18.16%	9,810	20.56%
净水器滤芯 通用	4,265	0.18%	8,985	104.64%	36.19%	27,595	16.70%
水龙头净水器	8,053	0.50%	17,561	123.06%	67.38%	93,527	15.64%
滤芯 净水器 通用	5,707	0.29%	10,781	89.86%	35.56%	27,595	14.04%
净水器前置过滤器	4,037	0.17%	9,385	117.69%	72.64%	44,453	13.61%
水龙头过滤器 净水器	4,714	0.21%	9,995	97.75%	63.65%	57,270	13.47%
净水器水龙头	22,153	2.65%	46,761	113.76%	61.01%	93,527	13.13%
净水器水龙头 家用	4,543	0.20%	9,184	102.74%	62.81%	54,427	12.75%
净水器配件	7,033	0.40%	14,051	115.69%	17.69%	61,403	11.79%
净水器家用水龙头	3,657	0.14%	6,640	105.09%	98.15%	54,420	11.76%
净水器水龙头 厨房	3,725	0.15%	7,576	105.19%	66.35%	47,170	11.57%
净水器滤芯	18,383	1.95%	34,500	80.55%	43.81%	106,598	10.76%
龙头净水器	3,614	0.14%	8,010	107.80%	73.19%	102,140	10.66%
净水器水龙头 过滤器	3,972	0.16%	7,465	87.09%	59.11%	57,816	9.42%
过滤器 净水器	8,339	0.53%	16,790	105.02%	78.07%	211,651	8.72%
超滤净水器 家用	5,023	0.24%	11,492	114.87%	86.18%	29,207	8.52%
净水器家用直饮自来水 水龙头	3,451	0.13%	6,669	93.66%	73.67%	18,492	7.95%
超滤净水器	6,786	0.38%	14,320	125.17%	86.01%	42,876	7.49%
前置净水器	6,889	0.39%	14,987	129.87%	83.99%	49,113	7.41%
过滤器 自来水 净水器	3,745	0.15%	7,025	88.98%	75.80%	102,758	6.93%
家用净水器 自来水	7,135	0.41%	15,320	118.42%	85.91%	100,651	6.46%
净水器家用直饮自来水	5,725	0.29%	10,507	99.19%	83.56%	53,090	6.36%
家用净水器	9,913	0.71%	21,348	113.03%	86.51%	202,614	5.81%
净水器家用厨房	9,084	0.61%	18,143	114.67%	85.63%	95,266	5.63%
净水器家用直饮 净水机 厨房	3,522	0.14%	6,157	90.98%	88.75%	45,919	5.39%
净水器 家用	4,275	0.18%	8,162	96.75%	91.51%	202,614	5.20%

图 5-16

关键词	搜索人气	搜索人数占比	搜索热度	点击率	商城点击占	在线商品	支付转化率	单个宝贝流量指数
净水器家用直饮加热一体机	11,580	0.91%	22,077	85.72%	83.14%	1,904	1.78%	6.081932773
净水器滤芯 通用 全套 五级	3,732	0.15%	7,928	65.76%	6.21%	755	4.35%	4.943046358
净水器家用直饮 台式 一体机	4,218	0.18%	7,297	77.54%	78.56%	1,274	1.39%	3.310832025
磁化水净水器 家用	3,798	0.15%	7,246	71.79%	78.97%	2,619	2.08%	1.450171821
净水器水龙头 配件	3,422	0.13%	7,965	96.85%	18.16%	9,810	20.56%	0.348827727
净水器家用直饮	31,137	4.69%	62,419	112.61%	87.44%	89,704	4.55%	0.347108267
净水器家用	57,795	13.39%	114,275	108.04%	86.83%	203,204	4.81%	0.284418614
净水器水龙头	22,153	2.65%	46,761	113.76%	61.01%	93,527	13.13%	0.236862083
净水器家用直饮 纯水机	3,789	0.15%	7,572	83.74%	73.15%	16,301	3.54%	0.232439728
滤芯 净水器 通用	5,707	0.29%	10,781	89.86%	35.56%	27,595	14.04%	0.206812828
中央净水器	3,972	0.16%	8,392	146.00%	72.55%	19,972	3.73%	0.19887843
净水器家用直饮自来水 水龙头	3,451	0.13%	6,669	93.66%	73.67%	18,492	7.95%	0.186621242
反渗透净水器	5,827	0.30%	12,741	118.99%	77.86%	32,679	3.54%	0.17831023
净水器滤芯pp棉	3,582	0.14%	8,205	102.83%	36.71%	20,186	20.76%	0.177449718
净水器滤芯	18,383	1.95%	34,500	80.55%	43.81%	106,598	10.76%	0.172451641
超滤净水器 家用	5,023	0.24%	11,492	114.87%	86.18%	29,207	8.52%	0.17197932
超滤净水器	6,786	0.38%	14,320	125.17%	86.01%	42,876	7.49%	0.158270361
净水器滤芯 通用	4,265	0.18%	8,985	104.64%	36.19%	27,595	16.70%	0.154556985
前置净水器	6,889	0.39%	14,987	129.87%	83.99%	49,113	7.41%	0.140268361
净水器	67,107	17.29%	150,121	56.21%	85.19%	494,231	3.70%	0.135780637
净水器家用直饮 净水机	8,908	0.59%	16,359	89.27%	85.27%	70,938	4.30%	0.125574445
净水器配件	7,033	0.40%	14,051	115.69%	17.69%	61,403	11.79%	0.114538378
净水器家用直饮自来水 过滤器	5,496	0.27%	10,485	88.36%	84.05%	49,238	4.23%	0.111621106
净水器家用直饮自来水	5,725	0.29%	10,507	99.19%	83.56%	53,090	6.36%	0.107835751
净水器家用厨房	9,084	0.61%	18,143	114.67%	85.63%	95,266	5.63%	0.095354061
净水器前置过滤器	4,037	0.17%	9,385	117.69%	72.64%	44,453	13.61%	0.090815018
水龙头净水器	8,053	0.50%	17,561	123.06%	67.38%	93,527	15.64%	0.086103478

图 5-17

单个宝贝支付指数 = 搜索人气 × 点击率 × 支付转化率 / 在线商品数，降序排序，如图 5-18 所示。

关键词	搜索人气	搜索人数占比	搜索热度	点击率	商城点击占	在线商品数	支付转化率	单个宝贝流量指数	单个宝贝支付指数
净水器滤芯 通用 全套 五级	3,732	0.15%	7,928	65.76%	6.21%	755	4.35%	4.943046358	0.141398807
净水器家用直饮加热一体机	11,580	0.91%	22,077	85.72%	83.14%	1,904	1.78%	6.081932773	0.092799103
净水器水龙头 配件	3,422	0.13%	7,965	96.85%	18.16%	9,810	20.56%	0.348827727	0.069459833
净水器滤芯pp棉	3,582	0.14%	8,205	102.83%	36.71%	20,186	20.76%	0.177449718	0.037881093
净水器家用直饮 台式 一体机	4,218	0.18%	7,297	77.54%	78.56%	1,274	1.39%	3.310832025	0.035684346
净水器水龙头	22,153	2.65%	46,761	113.76%	61.01%	93,527	13.13%	0.236862083	0.03537935
净水器滤芯 通用	4,265	0.18%	8,985	104.64%	36.19%	27,595	16.70%	0.154556985	0.027008648
滤芯 净水器 通用	5,707	0.29%	10,781	89.86%	35.56%	27,595	14.04%	0.206812828	0.026092218
磁化水净水器 家用	3,798	0.15%	7,246	71.79%	78.97%	2,619	2.08%	1.450171821	0.02165443
净水器家用直饮	31,137	4.69%	62,419	112.61%	87.44%	89,704	4.55%	0.347108267	0.017784977
超滤净水器 家用	5,023	0.24%	11,492	114.87%	86.18%	29,207	8.52%	0.17197932	0.016831485
水龙头净水器	8,053	0.50%	17,561	123.06%	67.38%	93,527	15.64%	0.086103478	0.016571978
净水器配件	7,033	0.40%	14,051	115.69%	17.69%	61,403	11.79%	0.114538378	0.015622864
净水器滤芯	18,383	1.95%	34,500	80.55%	43.81%	106,598	10.76%	0.172451641	0.014946694
超滤净水器	6,786	0.38%	14,320	125.17%	86.01%	42,876	7.49%	0.158270361	0.014838215
净水器家用	57,795	13.39%	114,275	108.04%	86.83%	203,204	4.81%	0.284418614	0.01478045
净水器前置过滤器	4,037	0.17%	9,385	117.69%	72.64%	44,453	13.61%	0.090815018	0.014546395
净水器家用直饮自来水 水龙头	3,451	0.13%	6,669	93.66%	73.67%	18,492	7.95%	0.186621242	0.013895762
前置净水器	6,889	0.39%	14,987	129.87%	83.99%	49,113	7.41%	0.140268361	0.013498539
净水器水龙头 家用	4,543	0.20%	9,184	102.74%	62.81%	54,427	12.75%	0.083469601	0.010933975
水龙头过滤器 净水器	4,714	0.21%	9,995	97.75%	63.65%	57,270	13.47%	0.082311856	0.01083794
中央净水器	3,972	0.16%	8,392	146.00%	72.55%	19,972	3.73%	0.19887843	0.010830522
净水器水龙头 厨房	3,725	0.15%	7,576	105.19%	66.35%	47,170	11.57%	0.078969684	0.009610992
净水器家用水龙头	3,657	0.14%	6,640	105.09%	98.15%	54,420	11.76%	0.067199559	0.008304914
反渗透净水器	5,827	0.30%	12,741	118.99%	77.86%	32,679	3.54%	0.17831023	0.007510866
净水器家用直饮 纯水机	3,789	0.15%	7,572	83.74%	73.15%	16,301	3.54%	0.232439728	0.006890434
净水器家用直饮自来水	5,725	0.29%	10,507	99.19%	83.56%	53,090	6.36%	0.107835751	0.006802801

图 5-18

⑧ 分别把单个宝贝流量指数和单个宝贝支付指数排名前 10 的关键词用黄色标注，而 2 个指数重叠的关键词就是我们要找的关键词，可以作为重点词库，如图 5-19 所示。

关键词	搜索人气	搜索人数占比	搜索热度	点击率	商城点击占	在线商品数	支付转化率	单个宝贝流量指数	单个宝贝支付指数
净水器滤芯 通用 全套 五级	3,732	0.15%	7,928	65.76%	6.21%	755	4.35%	4.943046358	0.141398807
净水器家用直饮加热一体机	11,580	0.91%	22,077	85.72%	83.14%	1,904	1.78%	6.081932773	0.092799103
净水器水龙头 配件	3,422	0.13%	7,965	96.85%	18.16%	9,810	20.56%	0.348827727	0.069459833
净水器滤芯pp棉	3,582	0.14%	8,205	102.83%	36.71%	20,186	20.76%	0.177449718	0.037881093
净水器家用直饮 台式 一体机	4,218	0.18%	7,297	77.54%	78.56%	1,274	1.39%	3.310832025	0.035684346
净水器水龙头	22,153	2.65%	46,761	113.76%	61.01%	93,527	13.13%	0.236862083	0.03537935
净水器滤芯 通用	4,265	0.18%	8,985	104.64%	36.19%	27,595	16.70%	0.154556985	0.027008648
滤芯 净水器 通用	5,707	0.29%	10,781	89.86%	35.56%	27,595	14.04%	0.206812828	0.026092218
磁化水净水器 家用	3,798	0.15%	7,246	71.79%	78.97%	2,619	2.08%	1.450171821	0.02165443
净水器家用直饮	31,137	4.69%	62,419	112.61%	87.44%	89,704	4.55%	0.347108267	0.017784977
超滤净水器 家用	5,023	0.24%	11,492	114.87%	86.18%	29,207	8.52%	0.17197932	0.016831485
水龙头净水器	8,053	0.50%	17,561	123.06%	67.38%	93,527	15.64%	0.086103478	0.016571978
净水器配件	7,033	0.40%	14,051	115.69%	17.69%	61,403	11.79%	0.114538378	0.015622864
净水器滤芯	18,383	1.95%	34,500	80.55%	43.81%	106,598	10.76%	0.172451641	0.014946694
超滤净水器	6,786	0.38%	14,320	125.17%	86.01%	42,876	7.49%	0.158270361	0.014838215
净水器家用	57,795	13.39%	114,275	108.04%	86.83%	203,204	4.81%	0.284418614	0.01478045
净水器前置过滤器	4,037	0.17%	9,385	117.69%	72.64%	44,453	13.61%	0.090815018	0.014546395
净水器家用直饮自来水 水龙头	3,451	0.13%	6,669	93.66%	73.67%	18,492	7.95%	0.186621242	0.013895762
前置净水器	6,889	0.39%	14,987	129.87%	83.99%	49,113	7.41%	0.140268361	0.013498539
净水器水龙头 家用	4,543	0.20%	9,184	102.74%	62.81%	54,427	12.75%	0.083469601	0.010933975
水龙头过滤器 净水器	4,714	0.21%	9,995	97.75%	63.65%	57,270	13.47%	0.082311856	0.01083794
中央净水器	3,972	0.16%	8,392	146.00%	72.55%	19,972	3.73%	0.19887843	0.010830522
净水器水龙头 厨房	3,725	0.15%	7,576	105.19%	66.35%	47,170	11.57%	0.078969684	0.009610992
净水器家用水龙头	3,657	0.14%	6,640	105.09%	98.15%	54,420	11.76%	0.067199559	0.008304914
反渗透净水器	5,827	0.30%	12,741	118.99%	77.86%	32,679	3.54%	0.17831023	0.007510866
净水器家用直饮 纯水机	3,789	0.15%	7,572	83.74%	73.15%	16,301	3.54%	0.232439728	0.006890434
净水器家用直饮自来水	5,725	0.29%	10,507	99.19%	83.56%	53,090	6.36%	0.107835751	0.006802801

图 5-19

5.3 选取关键词应该注意的问题

在词库中选取关键词时要注意以下几点：

（1）以主推关键词为中心，所有词都围绕主推关键词来分布。如果类目搜索量小，可用的词少，那么主推关键词可以有 2 ~ 3 个。关键词加上价格就圈定了对应的购买人群，只有让购买人群与我们的宝贝相匹配，转化才是顺理成章的事。

（2）要注意和宝贝的属性相对应，否则，即使带来流量也很难成交，还会影响搜索引擎的判断。另外，还要注意一些容易被系统误判的属性词，比如玫瑰色、香槟色、蓝宝石色等，最好不要放在标题。

（3）要注意买家的一些特殊习惯。比如，棉服有人也叫棉袄或厚外套；无袖连衣裙有人称为砍袖裙；短裙也有人叫半截裙；计算机也叫计算器。如果是小卖家，添加一些这类词也是很好的。

（4）区分多个词组成的关键词。比如，“2017 新款”“春季新品”这种类目性不明显的词，以及“卫衣女春”“卫衣 新款”这样搜索量大的词，我们称其为热词；而诸如“白色 卫衣 女”，“卫衣 女 短款”这类关键词，我们称之为长尾词，虽精准但搜索量较小。前期标题应该以少量类目热词及与其组合而成的大量长尾词为主，后期权重足够高时再添加类目不明显的热词。

（5）买家群体经过这么多年的购买体验，很多人已经养成了按长尾词来搜索宝贝的习惯，再加上淘宝下拉框词和标签词的配合分流，特别是在难打字的移动端，所以让人感觉大词现在流量很少。其实，只是搜索流量更分散了，与属性、风格、季节相关的长尾词有了更强的引流能力。

（6）店铺商品不要使用相近或者类似的标题，两个宝贝标题的相似度最好不要超过 50%。一个搜索页面只会显示你店铺的 2 个宝贝。

（7）标题中可添加商品的属性，但不要故意去模仿其他商品或者店铺，因为对方不一定做了标题优化。

（8）在宝贝前期确定标题时，关键词不要过于宽泛，要保证关键词的绝对精准和不冲突性。

（9）新上架的宝贝，一定要优先关注关键词的点击率，在积累销量的情况下，综合考虑搜索人气、支付转化率、商城点击占比、竞争宝贝数。

第 6 章

移动电商发展趋势

电子和信息技术让我们进入了信息化和网络化的时代，互联网成为现在最重要的基础设施，线下的各行各业也都加入到互联网的大军中来。

6.1 中国网民规模和互联网普及率

据中国互联网络信息中心（CNNIC）统计，2016 年 12 月，我国网民规模达到了 7.31 亿人，互联网普及率达到 53.2%，较 2015 年提升了 2.9 个百分点，超过全球平均水平 3.1 个百分点，超过亚洲平均水平 7.6 个百分点。2016 年全年新增网民 4299 万人，增长率为 6.2%，目前中国网民的规模已经相当于欧洲的人口总量，如图 6-1 所示。

图 6-1

互联网不断颠覆我们的生活，同时互联网通信技术也使互联网和企业进行深度融合，创造新的发展生态。中国企业已基本实现计算机、互联网的全面普及。

6.2 计算机和互联网的使用比例

2016 年，企业的计算机、互联网使用及宽带接入已全面普及，普及率分别达到

99.0%、95.6% 和 93.7%，相比去年分别增长 3.8、6.6 和 7.4 个百分点，如图 6-2 所示。

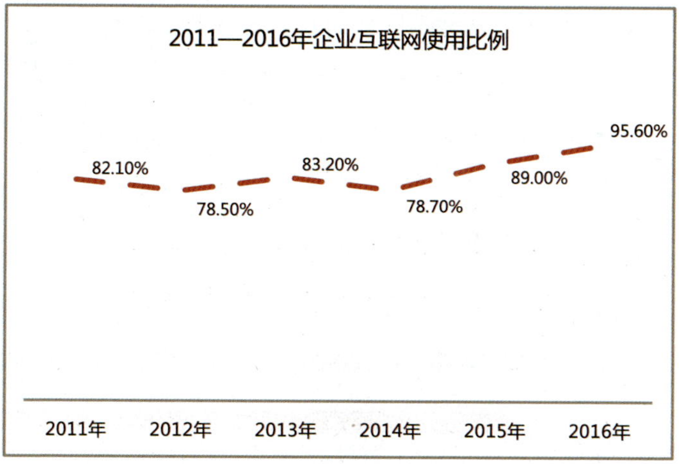

图 6-2

互联网的兴起会衍生一大批第三方服务企业，即“互联网 +”服务商。他们本身不会从事互联网 + 传统企业的生产、制造及运营工作，但是会帮助线上及线下双方实现协作，从事双方对接工作，盈利方式则是双方对接成功后的服务费用及各种增值服务费用。

2016 年，企业利用互联网完成交流沟通，以及获取和发布信息的互联网应用，包括发送和接收电子邮件、了解商品或服务信息、从政府机构获取信息、发布信息或即时消息等，在财务与人力资源管理等内部支撑类应用方面，企业互联网活动的开展比例均保持上升趋势。

截至 2016 年 12 月，在接入互联网的企业中，有 91.9% 的企业在过去一年内使用互联网发送或接收过电子邮件，其中 63.7% 的企业建有企业邮箱。

此外，分别有 77.0%、73.3% 和 63.6% 的企业通过互联网了解商品或服务信息、发布信息或即时消息、从政府机构获取信息。

6.3 互联网信息应用开展情况

截至 2016 年 12 月，86.4% 的企业使用了网上银行；82.3% 的企业在互联网上与政府机构互动、在线办事；使用互联网辅助基本人力资源管理的企业比例相比 2015 年有所上升，开展网络招聘、在线员工培训的企业比例分别达 61.7% 和 31.9%，如图 6-3 所示。

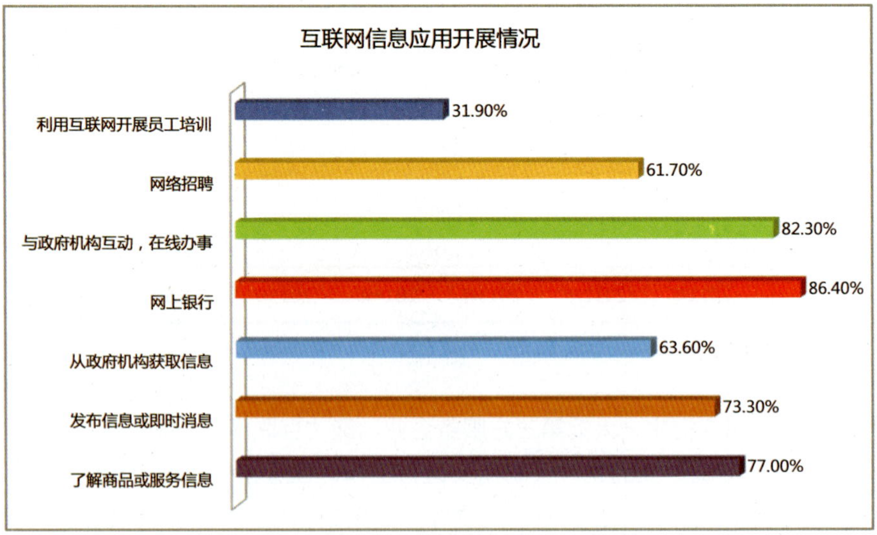

图 6-3

6.4　在线销售和在线采购开展比例

2016 年“十二五”期间，中国电子商务市场快速发展，交易额翻两番。2016 年作为“十三五”的开局之年，电子商务市场规模依然保持稳健增速，企业的参与程度持续深入，开展在线销售的比例大幅提高为 45.3%。

此外，全国开展在线采购的企业比例为 45.6%，这得益于互联网金融、云服务等新兴企业级服务市场的发展，服务于企业采购的电子商务平台正在向集信息流、资金流、物流于一体的综合性供应链协同服务平台转型，企业的在线采购流程更加便捷、安全。

中国企业在线销售和在线采购的开展比例实现超过 10 个百分点的增长，达到了 45.3% 和 45.6%，如图 6-4 所示。

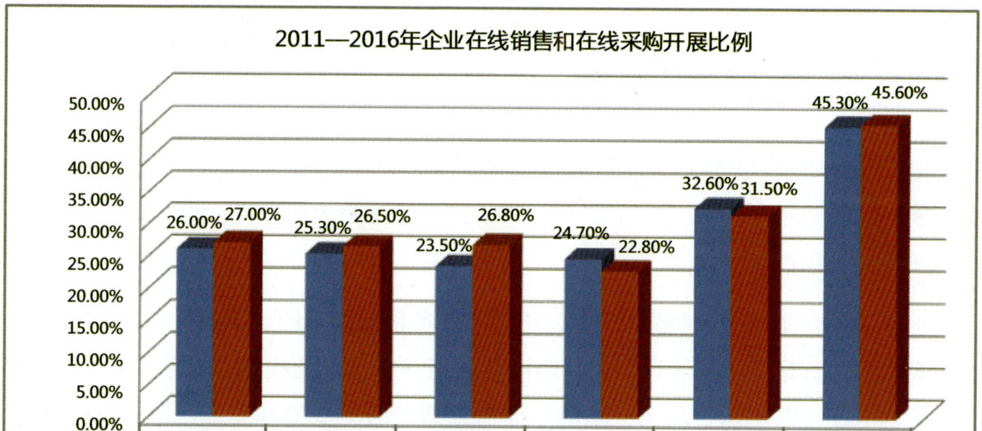

	2011年	2012年	2013年	2014年	2015年	2016年
在线销售比例	26.00%	25.30%	23.50%	24.70%	32.60%	45.30%
在线采购比例	27.00%	26.50%	26.80%	22.80%	31.50%	45.60%

图 6-4

6.5 营销推广渠道使用占比分析

在传统媒体与新媒体加快融合发展的趋势下，互联网在企业营销体系中扮演的角色愈发重要，利用互联网开展营销推广活动的企业比例达到38.7%。

在传统商业时代，中介非常多。一个产品或者一个品牌，有很多层级的经销商或者代理商。中介层级的增加，很大程度上增加了交易成本。

而在移动互联网时代，可以将所有服务进行很好的连接，极大地减少了交易成本。

（1）互联网大数据改变了企业的决策模式，从以前靠主观意志、经验、一些相对比较粗放的市场调查，转变为有详细的、实时的过程记录数据，从而帮助企业更好地决策，为用户提供更为精细化、精准、个性化的服务，提升营销效率。

（2）互联网进一步改变了信息的传递方式，而信息是推动经济社会正常运转的基础之一。传统商业很大程度上是由传统媒体驱动的，如报纸、杂志、电视等，企业做广告，消费者来消费。这其中的交互方式往往是单向的、广播式的，人们只能被动选择接受与否。

（3）在移动互联网的基础上，由于认知门槛、交互门槛的降低，人们能够更多地主动参与到商业活动中，能够发出声音，个人能够产生更大的影响。而企业所面对的不再是群体，而是个体。

在传统营销模式下，你的营销行为和你的业务是被隔开的。比如在电视上做广告，广告做完后先引起观众的注意，然后用户需要离开电视来查找你的信息，或者接受你的服务。但在互联网上，从第一步的广而告之到最后一步的享受服务是一气呵成的，让人和服务直接连接，这是互联网营销在模式上的巨大变化。企业要开始重视自身和用户之间的直接联系。所以，互联网已经成为企业不可或缺的营销推广渠道，如图6-5所示。

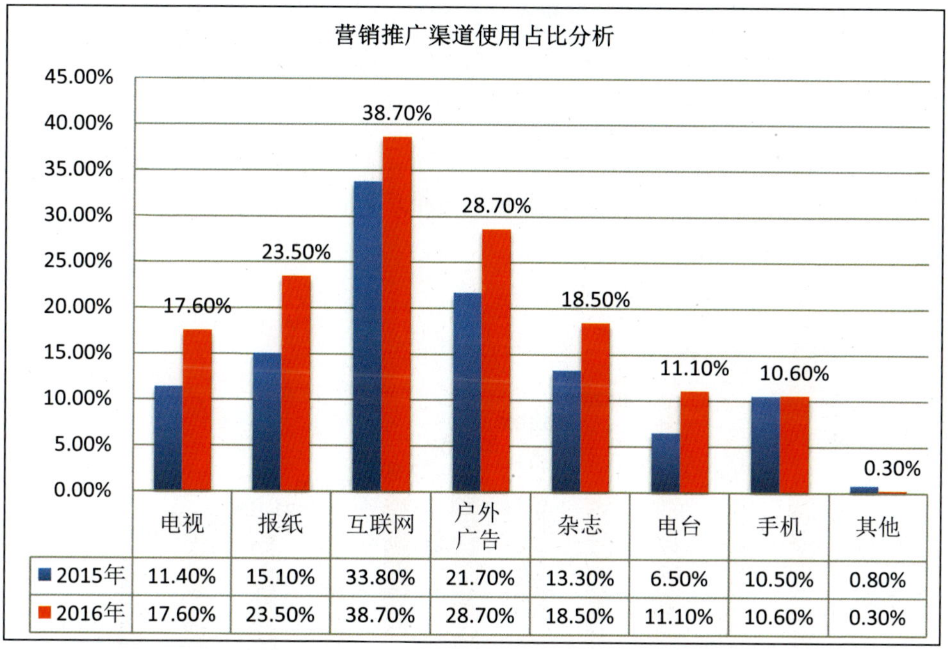

	电视	报纸	互联网	户外广告	杂志	电台	手机	其他
2015年	11.40%	15.10%	33.80%	21.70%	13.30%	6.50%	10.50%	0.80%
2016年	17.60%	23.50%	38.70%	28.70%	18.50%	11.10%	10.60%	0.30%

图 6-5

6.6　移动互联网营销推广分析

何为网络营销呢？即通过互联网极大地缩短了空间和时间，从而在互联网上的一个节点能够以很低的成本把商品卖到全国各地，甚至是全世界各地，而不需要像传统商业业态那样，为了把商品尽可能地卖到更多的地方而形成一级级的经销商。典型的代表是淘宝、京东、亚马逊，但这只是网店，主要是卖商品。实际上，有很多推广信息（也包括卖东西）的网站（网店其实也是网站），于是就产生了搜索引擎优化，如百度搜索、淘宝搜索、谷歌搜索等。

在现代社会，互联网已经开始颠覆传统企业，成为这个时代的统治者。对传统企业而言，互联网不是灾难，而是机会，互联网正在大面积地制造奇迹。其实，传统企业进军互联网已成为一种时尚。

在各种主流互联网营销渠道中，即时聊天工具营销推广的使用率最高，达 65.5%；

电子商务平台营销推广、搜索引擎营销推广分列二、三位，使用率分别为 55.1% 和 48.2%。即时聊天工具、电子商务平台和搜索引擎长期占据企业互联网营销推广渠道的前三位置，如图 6-6 所示。

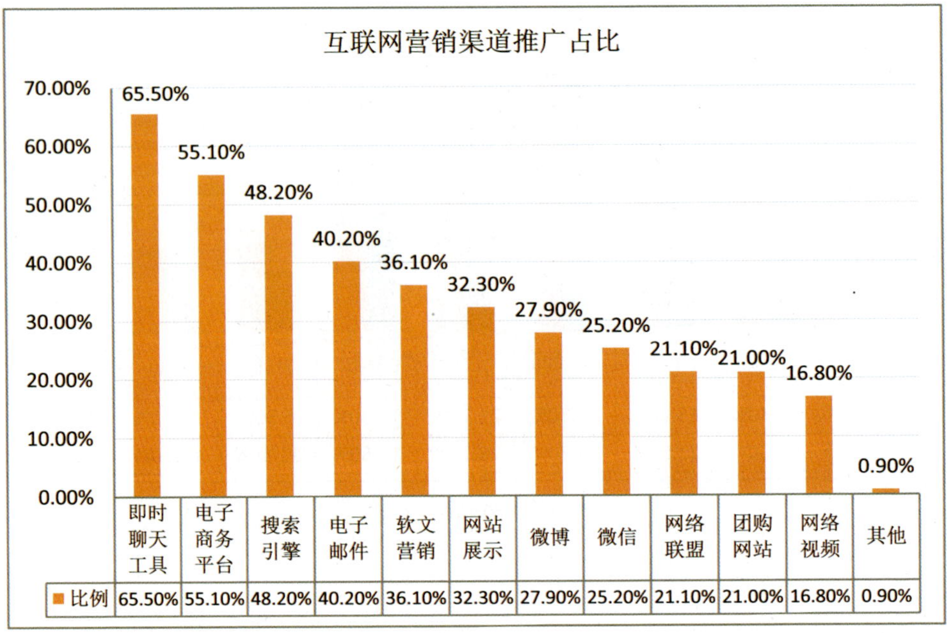

图 6-6

在开展过互联网营销的企业中，通过移动互联网进行营销推广的比例为 83.3%，相比 2015 年的 46.0% 增长近一倍，其中高达 67.8% 的企业使用了付费推广。

随着消费者向移动互联网全面转移，移动流量保持高速增长，在经过一段时间的探索后，专注于移动互联网营销推广的产品逐渐成熟，并得到企业客户的认可和接受。

可以预见的是，在未来较短的时间内，移动互联网营销推广的使用比例将逐渐接近整体互联网营销推广的比例，市场规模也将保持快速增长。

在各种移动互联网营销推广方式中，微信营销推广的使用率最高，为 75.5%。

尽管企业移动互联网营销推广渠道的使用情况相比 2015 年变动不大，但从大型互联网企业纷纷公布其移动营收占比突破关键转折点可见，企业客户正在转向移动互联网营销市场，如图 6-7 所示。

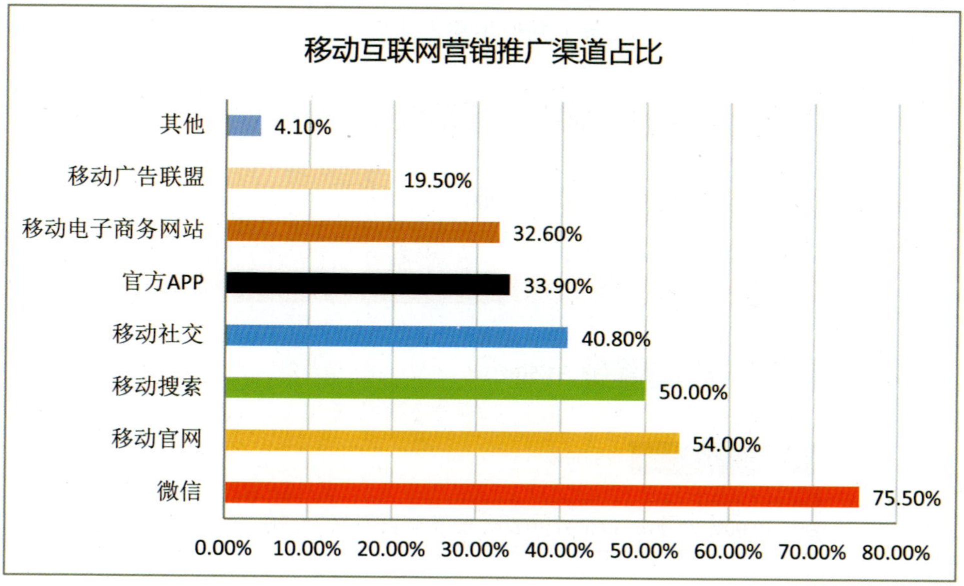

图 6-7

想要在移动互联网营销上破局，就需要在充分理解移动互联网平台的基础上，不断在整体营销方案上推陈出新。重新审视各个推广平台的特性、功能、特点及其背后所代表的用户群特性、行为，依托数据作为基础，为目标群体画像。画像越准确，方案越有针对性，也就越能抓住用户的注意力。

6.7　移动互联网使用及渗透分析

2016 年，我国手机网民规模达到 6.95 亿人，较 2015 年年底增加 7550 万人，手机网民占比从 2015 年的 90.1% 提升到 95.1%，增速连续三年超过 10%。

2016 年，台式电脑、笔记本电脑的使用率均出现下降，中国网民通过台式电脑和笔记本电脑接入互联网的比例分别为 60.1% 和 36.8%，而手机上网使用率为

95.1%，较2015年年底提高了5个百分点，不断挤压其他个人上网设备的使用，如图6-8所示。

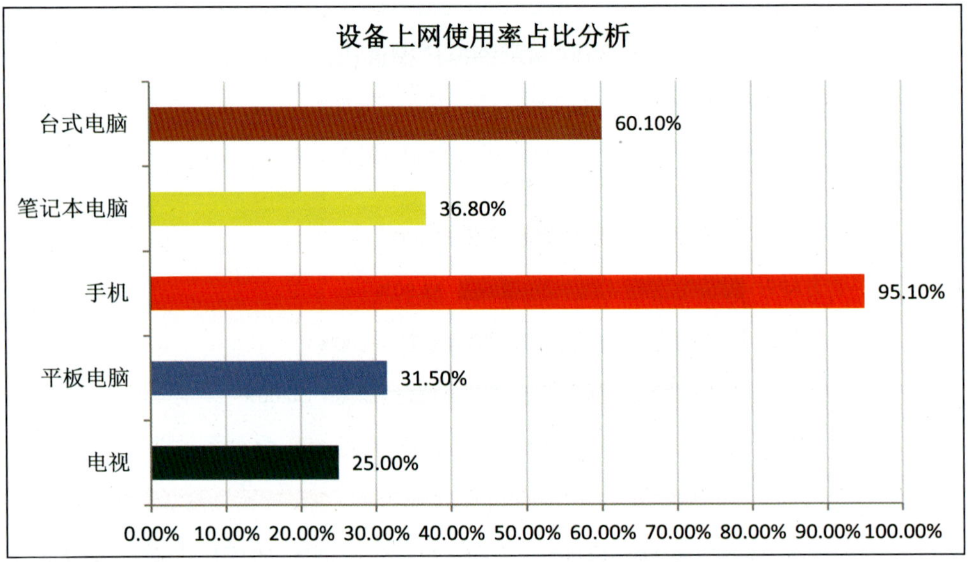

图 6-8

智能手机的应用使人们和互联网的交互方式发生了变化，开始变得更自然和更便捷，甚至现在越来越多的新网民和新网购用户都是从手机开始接触整个互联网的。

手机是高度集成的多媒体采集终端，如拍照、视屏、定位等可以随时随地采集和分享出来。手机能够改变很多行业，人们大量的即时需求可以通过手机来完成，如饿了么、滴滴打车、手机淘宝等，即时和冲动型的需求可以马上得到转化。

人们在快节奏的生活中，时间都被碎片化了，手机可以让用户在碎片时间内获得信息和服务，减少获取服务的成本。移动互联网让人们的生活更加便捷。

移动互联网的春天已经到来，移动电子商务可以随时随地为用户提供所需的服务、应用、信息和娱乐，利用手机终端可以方便、快捷地选择及购买商品和服务。

移动互联网发展依然是带动网民增长的首要因素。2016年，我国新增网民中使用手机上网的群体占比达到 80.7%，较 2015 年增长 9.2 个百分点，使用台式电脑的网民占比下降 16.5 个百分点，如图 6-9 所示。

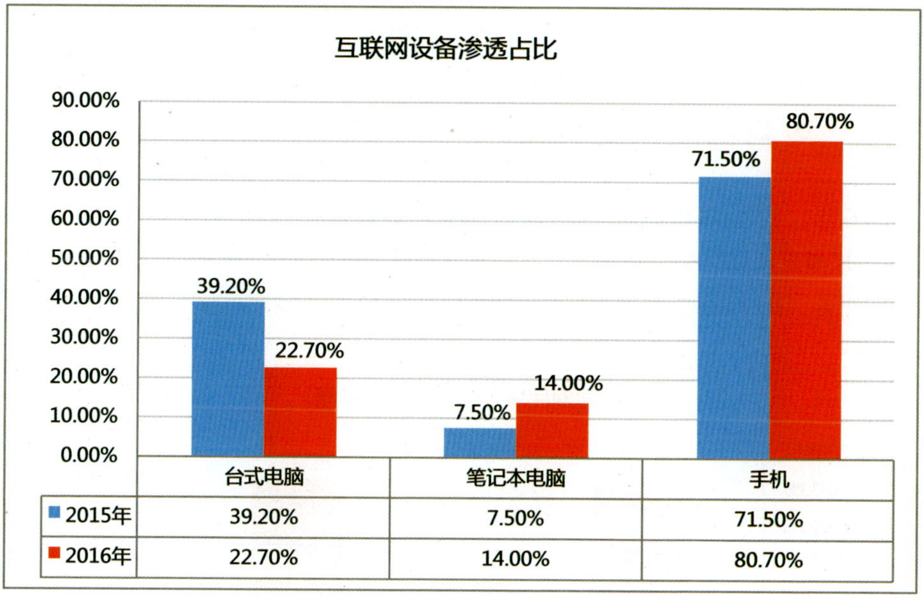

图 6-9

移动互联网正在改变我们的生活，同时也会改变我们所处的商业环境。移动互联网发展推动消费模式共享化、设备智能化和场景多元化。

首先，移动互联网发展为共享经济提供了平台支持，网约车、共享单车和在线短租等共享模式的出现，进一步减少了交易成本，提高了资源利用率。

其次，智能可穿戴设备、智能家居、智能工业等行业的快速发展，推动智能硬件间通过移动互联网互联互通，“万物互联”时代到来；2016 年，智能可穿戴设备、智能家居、智能工业等行业将在各种利好因素的刺激下继续保持快速发展。智能硬件是移动互联网与传统制造业相交汇的产物，多个智能硬件间也将通过 App 来实现在互联网上的互联互通，从而实现“万物互联”。未来移动互联网与硬件设备的结合会更为紧密，从而催生出更多的、使用范围更广的智能硬件类产品，进而带动创新创业，成为拉动中国经济增长的重要力量。

最后，移动互联网用户工作场景、消费场景向多元化发展，带动移动互联网实现族群裂变，进而带来互联网中部应用的多元化发展。这一趋势将持续发生在医疗、汽车、旅游和教育市场，以场景为导向的细分市场创新正在不断地激活各垂直细分市场线上线下不断融合，推动不同使用场景细化，快速推动服务范围向更深、更广扩散。

6.8　农村网民结构分析

2015 年，我国农村网民占比为 28.4%，规模是 1.96 亿人；城镇网民占比为 71.6%，规模是 4.93 亿人。2016 年，我国农村网民占比为 27.4%，规模为 2.01 亿人，增幅为 2.7%；城镇网民占比为 72.6%，规模为 5.31 亿人，增幅为 7.7%，如图 6-10 所示。

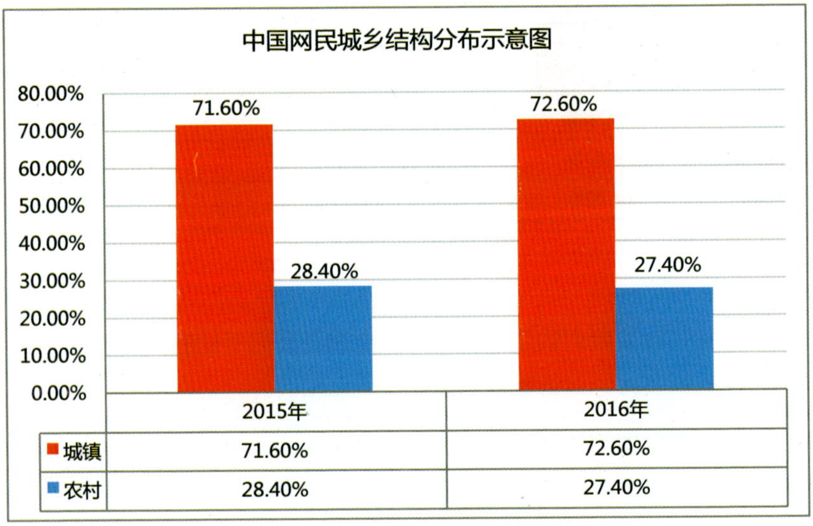

图 6-10

农业看起来离互联网最远，但“互联网 + 农业”的潜力却是巨大的。我国农村网民规模持续增长，城乡互联网普及差异较大。截至 2016 年 12 月，我国城镇地区互联网普及率为 69.1%，农村地区互联网普及率为 33.1%，城乡普及率差异较 2015 年的 34.2% 扩大为 36.0%。

我国农村网民在即时通信、网络娱乐等基础互联网应用使用率方面与城镇地区差别较小，在即时通信、网络音乐、网络游戏应用上的使用率差异在 4 个百分点左右；但在网购、支付、旅游预订类应用上的使用率差异达到 20 个百分点以上，这一方面说明娱乐、沟通类基础应用依然是拉动农村人口上网的主要应用，另一方面也显示出农村网民在互联网消费领域的潜力仍有待挖掘。

6.9　网民年龄、学历、职业及收入结构分析

1. 年龄结构

如图 6-11 所示，我国网民以 10 ～ 39 岁的群体为主。截至 2016 年 12 月，10 ～ 39 岁的群体占整体网民的 73.7%。其中，20 ～ 29 岁的网民占比最高，达 30.3%；10 ～ 19 岁、30 ～ 39 岁的群体占比分别为 20.2%、23.2%，较 2015 年年底略有下降。与 2015 年年底相比，10 岁以下的低龄群体和 40 岁以上的中高龄群体的占比均有所提升，互联网继续向这两部分人群渗透。

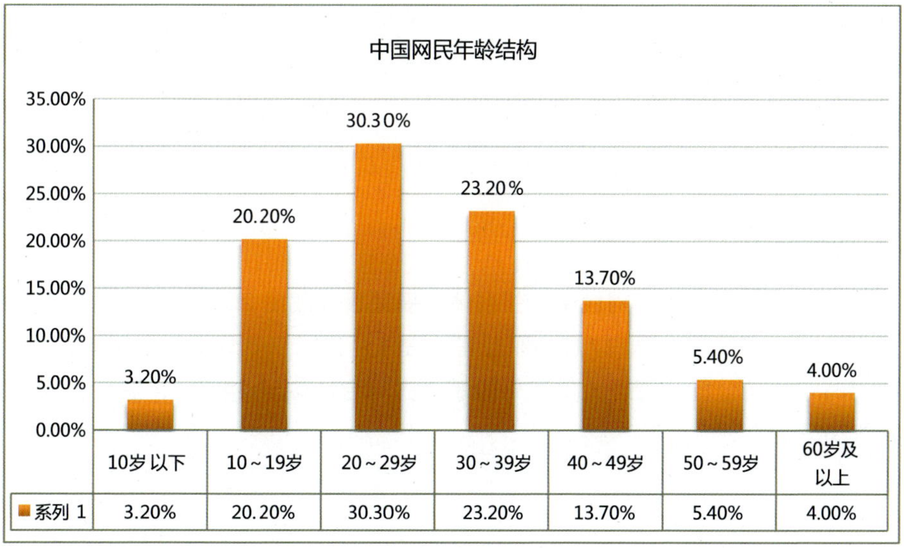

图 6-11

2. 学历结构

如图 6-12 所示，我国网民中具备中等教育程度的群体规模最大。截至 2016 年 12 月，初中、高中 / 中专 / 技校学历的网民占比分别为 37.3%、26.2%，其中高中 / 中专 / 技校学历的网民占比较 2015 年年底下降 3 个百分点。与 2015 年年底相比，小学及以下学历人群占比提升了 2.2 个百分点，我国网民继续向低学历人群扩散。

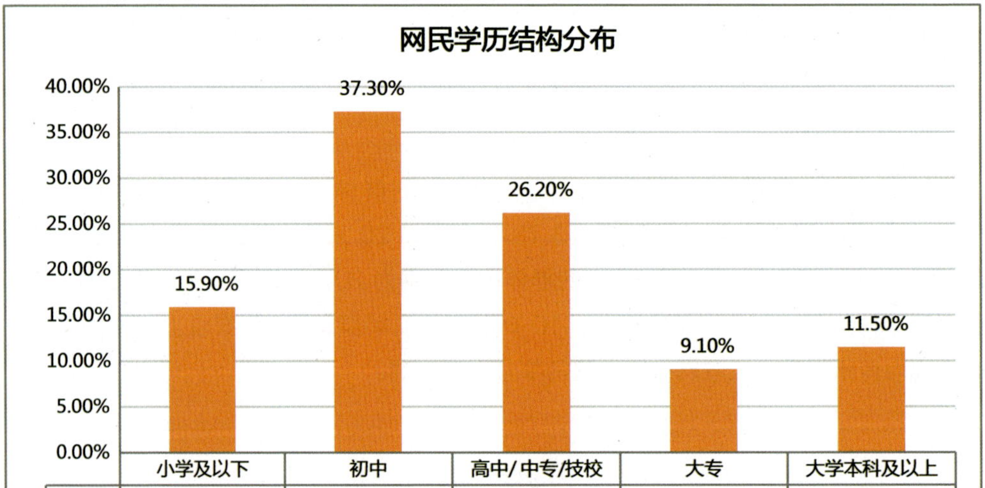

	小学及以下	初中	高中/ 中专/技校	大专	大学本科及以上
系列1	15.90%	37.30%	26.20%	9.10%	11.50%

图 6-12

3. 职业结构

如图 6-13 所示，我国网民中学生群体规模最大。截至 2016 年 12 月，学生群体占比为 25.0%；其次为个体户 / 自由职业者，占比为 22.7%，较 2015 年年底增长 0.6 个百分点；企业 / 公司的管理人员和一般职员占比合计达到 14.7%，这三类人群的占比保持相对稳定。

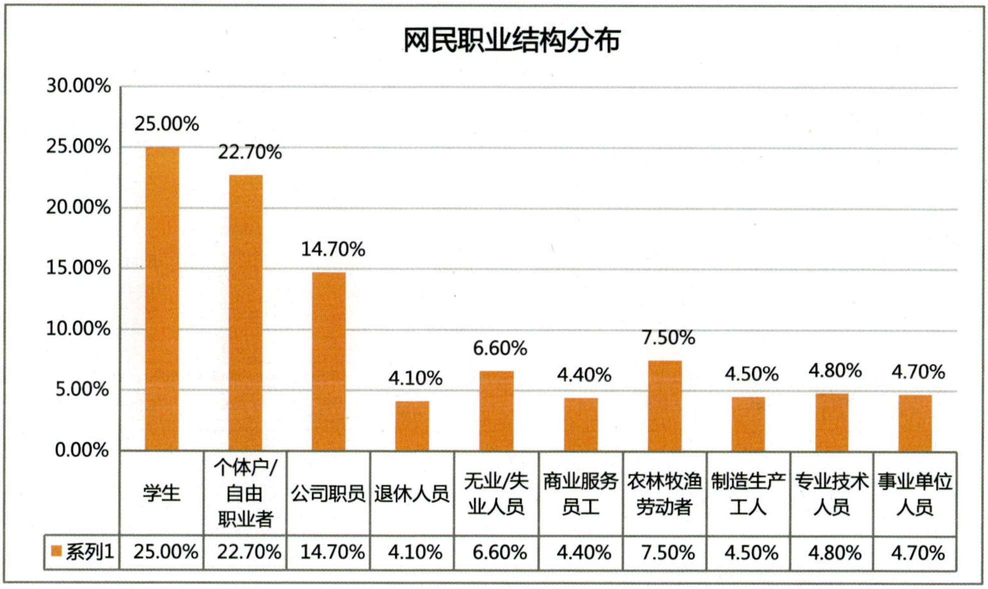

图 6-13

4. 收入结构

学生的收入主要包括家庭提供的生活费、勤工俭学工资、奖学金及其他收入；农民的收入主要包括子女提供的生活费、农业生产收入、政府补贴等收入；无业、下岗、失业群体的收入主要包括子女给的生活费、政府救济、补贴、抚恤金、低保等；退休人员的收入主要包括子女提供的生活费、退休金等。如图 6-14 所示，我国中等收入水平的网民群体占比最高。截至 2016 年 12 月，月收入在 2001 ~ 3000 元、3001 ~ 5000 元的群体占比分别为 17.7% 和 23.2%。2016 年，我国网民规模向低收入群体扩散，月收入在 1000 元以下的群体占比较 2015 年年底增长 1.2 个百分点。

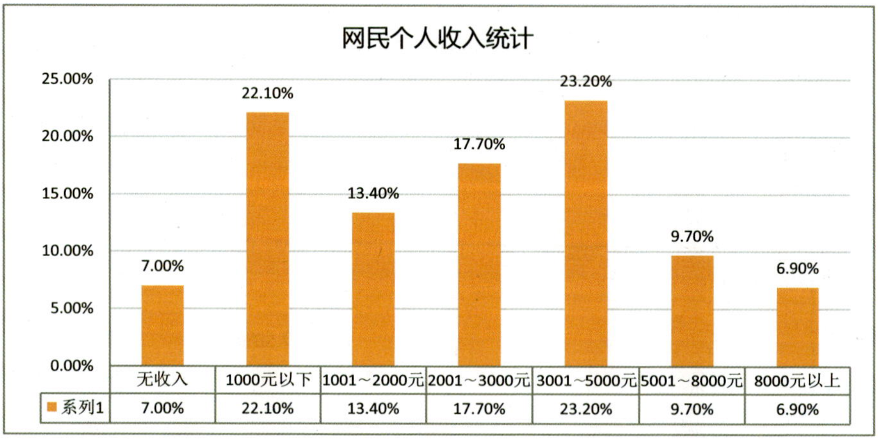

图 6-14

6.10 网民上网时长及App使用分析

1. 网民上网时长分析

2016 年，中国网民人均每周上网时长为 26.4 小时，平均每人每天上网时长在 3.8 小时以上，如图 6-15 所示。

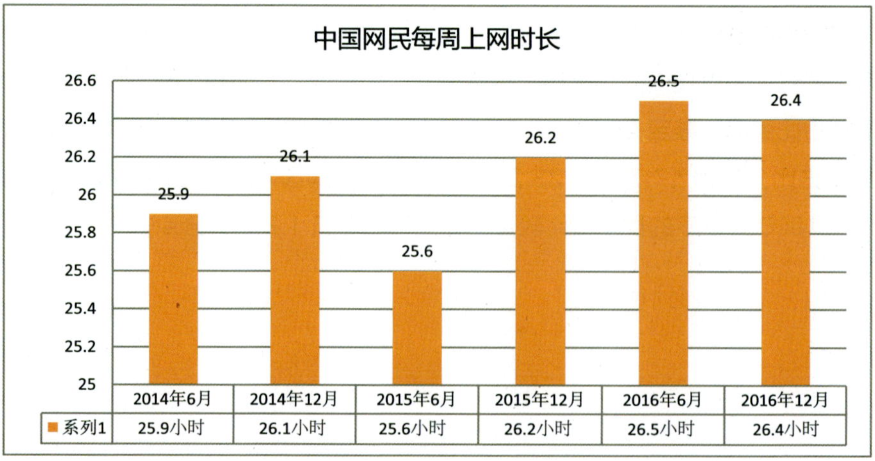

图 6-15

2. 网民常用的五类 App

2016 年，网民经常使用的五类 App 如下：

① 即时通信类 App，用户使用时间分布较为均衡，与网民作息时间关联度较高。

② 网络直播类 App，在 17 点、19 点、22 点和 0 点出现四次使用小高峰。

③ 微博社交类 App，用户在 10 点之后使用时间分布较为均衡，在 22 点出现较小使用峰值。

④ 综合电商类 App，用户偏好在中午 12 点及晚上 20 点购物。

⑤ 综合资讯类 App，用户阅读新闻资讯的时间分布较为规律，早 6 点至早 10 点使用时长呈上升趋势，如图 6-16 所示。

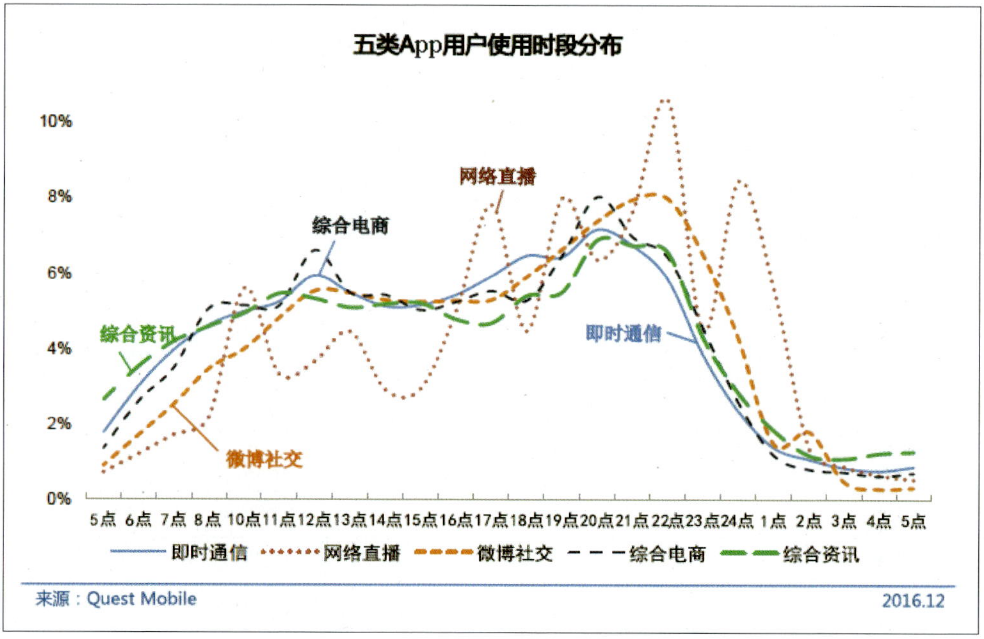

图 6-16

2016 年，我国个人互联网应用保持快速发展，除电子邮件外，其他应用用户规模均呈上升趋势。

① 网络购物用户规模达到 4.67 亿人，占网民比例的 63.8%，较 2015 年年底增长 12.9%。其中，手机网络购物用户规模达到 4.41 亿人，占手机网民的 63.4%，年增长率为 29.8%。

② 网上外卖用户规模达到 2.09 亿人，年增长率为 83.7%，占网民比例达到 28.5%。其中，手机网上外卖用户规模已达到 1.94 亿人，使用比例由 16.8% 提升至 27.9%。

③ 使用网上支付的用户规模达到 4.75 人，较 2015 年 12 月网上支付用户增加 5831 万人，年增长率为 14.0%，我国网民使用网上支付的比例从 60.5% 提升至 64.9%，如图 6-17 所示。其中，手机支付用户规模增长迅速，达到 4.69 亿人，年增长率为 31.2%，网民手机网上支付的使用比例由 57.7% 提升至 67.5%，如图 6-18 所示。

④ 网络游戏用户规模达到 4.17 亿人，占整体网民的 57.0%，较 2015 年增长 2556 万人。手机网络游戏用户规模较去年年底明显提升，达到 3.52 人，较 2015 年年底增长 7239 万人，占手机网民的 50.6%。

2016 年互联网应用使用率		
互联网应用	用户规模（万）	网民使用率
即时通信	66628	91.10%
搜索引擎	60238	82.40%
网上支付	47450	64.90%
网络购物	46670	63.80%
网络游戏	41704	57.00%
电子邮件	24815	33.90%
互联网理财	9890	13.50%
微薄	27143	37.10%
地图查询	46166	63.10%
网上外卖	20856	28.50%
在线教育	13764	18.80%

图 6-17

2016 年互手机联网应用使用率		
互联网应用	用户规模（万）	网民使用率
手机通信	63797	91.80%
手机搜索	57511	82.20%
手机支付	46920	67.50%
手机购物	44093	63.40%
手机游戏	35166	50.60%
手机邮件	19713	28.40%
手机炒股	4871	7.00%
手机在线教育	9798	14.10%
手机微博	24086	34.60%
手机导航	43123	62.00%
手机订外卖	19387	27.90%

图 6-18

6.11　网民常用App分析

我国网民在手机端经常使用的一类 App 应用是即时通信。调查显示，2016 年 79.6% 的网民最常使用的 App 是微信；其次为 QQ，占比为 60.0%；淘宝、手机百度、支付宝分列 3 ~ 5 位，占比分别为 24.1%、15.3% 和 14.4%，如图 6-19 所示。

作为基础互联网应用，即时通信在 2016 年通过拓展服务内容再次获得蓬勃发展，个人即时通信的差异化更加显著，而应用于工作场景的企业即时通信产品已成为各厂商的战略重点。

比如，在个人端方面，以 QQ 和微信为代表的主流即时通信产品功能差异已经十分明显。微信在 2016 年第一季度关闭了导入 QQ 联系人的功能，将连接用户购物、出行等生活服务需求作为主要发展方向；而 QQ 由于用户群体平均年龄较低，功能偏向于连接年轻用户的阅读、音乐等娱乐需求。此外，以陌生社交作为核心功能的陌陌，通过引入直播服务实现了快速发展，其直播服务营收占比已超七成。

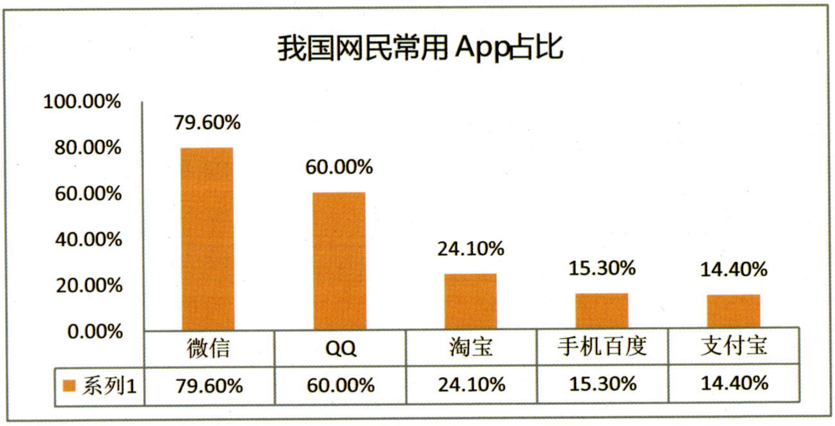

图 6-19

在企业端方面，基于工作场景定制的移动即时通信产品成为厂商竞争的重要领域。以 Slack 为代表的企业即时通信产品在海外市场获得成功，促使阿里、腾讯、网易等大型互联网厂商先后在该领域进行布局。资本与技术资源的涌入推动产品功能迅速完善，并逐渐与办公自动化系统（OA）、客户关系管理系统（CRM）和企业云服务进行融合，有效提升了团队工作效率。未来企业即时通信的沟通、协同、安全将成为竞争的三大核心因素。

6.12 互联网社交化

2016 年，各类社交应用持续稳定发展，互联网平台实现泛社交化。一方面，综合性社交应用引入直播等服务带来用户和流量的增长；另一方面，针对不同场景、不同垂直人群、不同信息承载方式的细分社交平台进一步丰富，向创新、小众化方向发展。

排名前三的典型社交应用均属于综合类社交应用。微信朋友圈、QQ 空间作为即时通信工具所衍生出来的社交服务，用户使用率分别为 85.8%、67.8%；微博作为社交媒体，得益于明星、网红及媒体内容生态的建立与不断强化，以及在短视频和移动直播上的深入布局，用户使用率持续回升，达 37.1%，比 2016 年 6 月上升 3.1 个百分点。在垂直类社交应用中，豆瓣作为兴趣社交应用的代表，用户使用率为 8.1%，如图 6-20 所示。

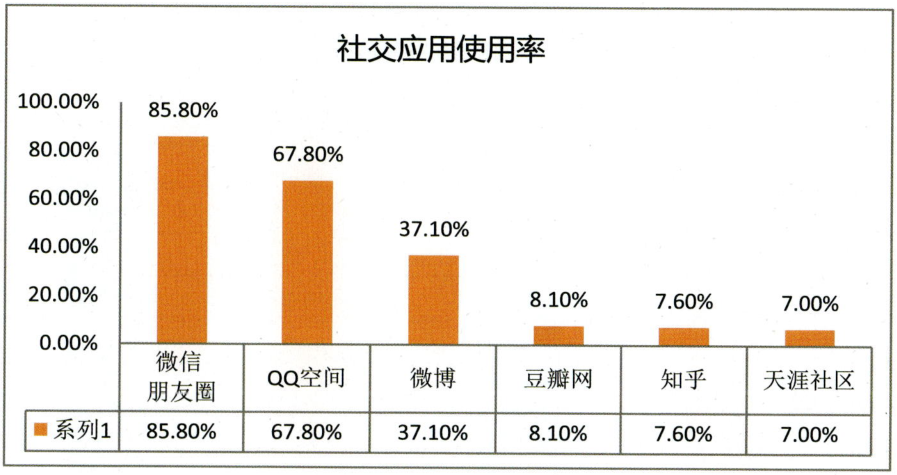

图 6-20

微信朋友圈、QQ 空间、微博虽然同属于综合性的社交应用，但在社交关系的紧密度、用户属性及地域特征上存在较大差异。从交流属性来看，微信朋友圈是相对封闭的个人社区，分享的信息偏向朋友之间的交互；微博是基于社交关系来进行信息传播的公开平台，用户关注的内容越来越倾向于基于兴趣的垂直细分领域；QQ 空间则介于两者之间。从用户特征来看，微信朋友圈用户渗透率高，除低龄、低学历人群外，各群体网民对微信朋友圈的使用率无显著差异；五线城市网民、10 ~ 19 岁网民对 QQ 空间的使用率明显较高，产品用户下沉效果明显，更受年轻用户青睐；微博用户特征更为明显，一线城市网民、女性网民、20 ~ 29 岁网民、本科及以上学历网民对微博的使用率明显高于其他群体。

6.13 网络购物交易类应用的发展

6.13.1 网络购物

截至 2016 年 12 月，我国网络购物用户规模达到 4.67 亿人，占网民群体的比例为 63.8%，较 2015 年年底增长 12.9%。其中，手机网络购物用户规模达到 4.41 亿人，占手机网民群体的 63.4%，年增长率为 29.8%，如图 6-21 所示。

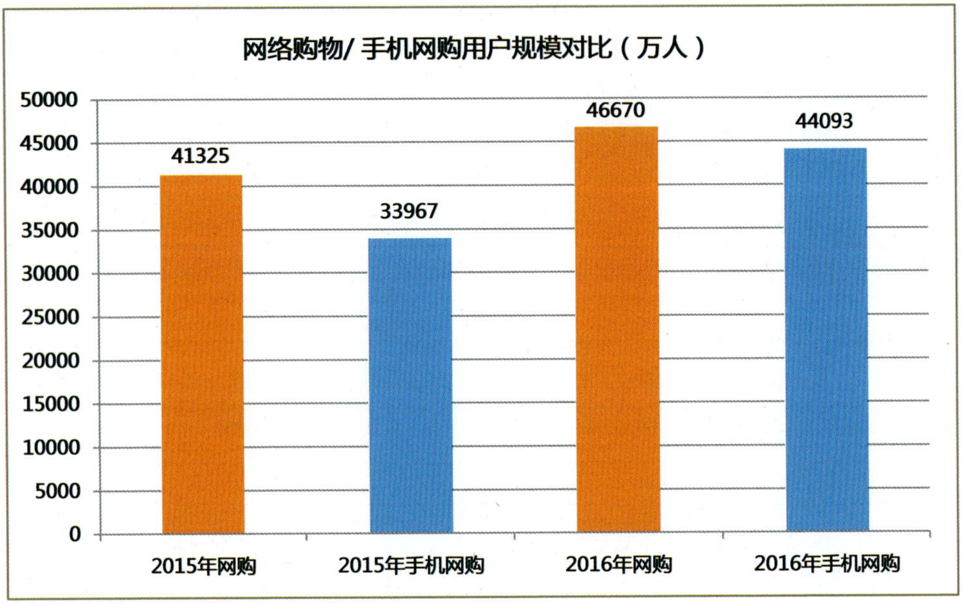

图 6-21

2016 年，网络购物市场已进入成熟期。B2C 交易规模占比持续提升，线上线下融合进一步加深，行业整合、并购更加频繁。在一些领域也呈现出新的特征：

（1）新技术、模式应用驱动电商业态多元化。在直播全民化、自媒体专业化快速发展的背景下，网红、直播等形式带动网络购物向娱乐化、体验化、内容化的方向发展。电商平台也加大内容领域的投入，新的流量聚集也有效促进了特定品类的交易转化。与此同时，VR、AR 等技术在电商领域的应用也带来了新的购物体验，未来技术将推动更多零售业态的变革。

（2）跨境电商新政过渡，行业逐步走向规范。在 2016 年跨境新政的影响下，整体市场在调整中不断探索并走向规范。在市场结构上，缺乏资质和供应链管理能力的中小企业逐渐被挤出，市场集中度进一步提高；在模式结构上，呈现出由保税发货、单一爆品向直邮、多品类长尾模式探索发展的趋势，有利于行业的长期有序发展。

（3）农村电商渠道下沉，产销升级带动农村扶贫。2016 年主要电商平台渠道下沉战略加快实施，京东推出县级以下区域线下加盟合作模式，阿里巴巴进入“农村淘宝 3.0”

阶段等，在物流、金融、服务等方面完善农村网购市场，在推动农村电商发展的同时促进地方扶贫、脱贫。

6.13.2　网上外卖

截至 2016 年 12 月，我国网上外卖用户规模达到 2.09 亿人，年增长率为 83.7%，占网民比例的 28.5%。其中，手机网上外卖用户规模已达到 1.94 亿人，使用比例由 16.8% 提升至 27.9%，如图 6-22 所示。

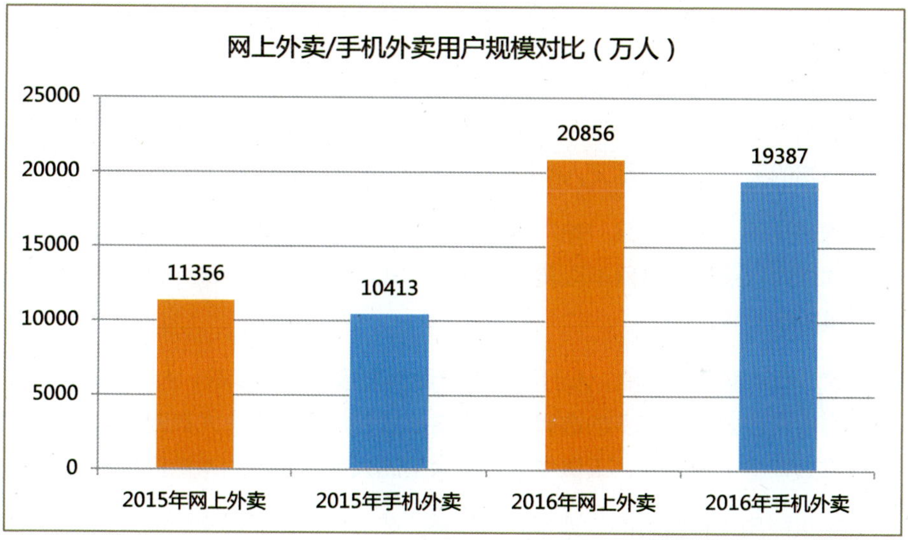

图 6-22

尽管网上外卖仍处于相对初级的发展阶段，但随着外卖平台商户资源趋同，平台开始意识到精细化运营的重要性，通过探索自营配送体系、使用快递众包、利用算法推荐附近接单等模式提高物流时效和用户服务体验。在营收增长和激烈竞争压力下，企业在商家资质及产品质量审核上投入有限，存在黑外卖在多家外卖平台上线并通过竞价排名获得平台推荐的情况，未来行业规范化水平仍有待提升。

而对于外卖行业来说，在经历过“跑马圈地”的烧钱阶段后，外卖 O2O 已然进入下半场角逐。不过，随着行业的进一步成熟，这种角逐或许会向整合趋势发展。

1. 外卖行业发展迅速，叫外卖可能比自己做饭更划算

根据市场研究机构 BigData-Research（比达咨询）发布的 2016 年中国第三方餐饮外卖市场研究报告显示，2016 年中国的外卖市场依旧保持快速增长态势，整体交易额达到 1761.5 亿元，比上一年同期增长 361%。

从市场格局来看，饿了么高居首位，占整体市场份额的 34.6%；排名第二的是美团外卖，占市场份额的 33.6%；第三名是百度外卖，占市场份额的 18.5%。

这一系列数据展现了外卖市场的旺盛需求。中国自古以来就是“民以食为天”,“吃”的确是人的天性。在人类度过了茹毛饮血时期，学会刀耕火种之后，做饭就成了满足这项天性的唯一方式。

后来，逐渐出现了餐厅、饭店、大排档，人们不必亲自做饭也可享受美食，这不仅满足了人们吃的天性，更满足了人类固有的惰性。

互联网的出现，则使满足“吃”的途径更加多样化：外卖、拼饭、私人厨房……任何一种方式都可以通过互联网得以实现。虽然方式不尽相同，但最终目的都是为了节省精力，提供更多选择。

可以说，受互联网的影响，人们下厨的意愿越发被削弱。以前，人们必须自己做饭，不仅是因为没有这些式样繁多的选择，更是由于经济水平低下。尤其对于以前的女性来说，工作机会稀少，即使有，工资也不高。余下的大把时间，用来做饭再合适不过。

做饭不仅被用来打发时间，更是因为划算。随着经济水平和市场的逐步发展，人们的工资水平整体提升。目前一、二线城市的最低工资是 15~20 元 / 小时，现在花 20 元叫外卖就能吃到不错的饭菜，比花一小时做饭要划算得多。

一项关于互联网影响饮食行为的调研表明，外卖降低了人们做饭的积极性，并且这种积极性与收入成反比。随着收入的增加，对应的时间和机会成本也随之提升，对高收入群体而言，下厨不如叫外卖划算。

这种影响在中国市场中尤为显著。传统的中餐处理技术已经跟不上现代生活和工作的快节奏，即使是专业人士，如果采用传统的中餐制作方式，也难以满足客户对等餐时间和菜品质量的要求，更遑论效率低下的家庭烹饪了，这也是越来越多的人选择外卖的重要原因。

基于上述分析可知，外卖将会占据更多比重，逐步替代传统的家庭厨房及到店吃饭等传统方式。不过，这并不代表家庭厨房会就此消失，而外卖的制作方式则愈加呈现出工业化的特点。

2. 家庭厨房短期内不会消失，外卖行业工业化特点显著

外卖的兴起并不代表外卖会替代传统的家庭烹饪，起码在短期内不会。

在未来，人类的生产和分配方式如果不发生大的改变，那么我们将面临生产过剩的状态，这其中也包括劳动力过剩。据此，制约人类生活方式的主因已非生产效率，而是分配公平。

这意味着，在未来会出现大范围的失业，而且这种失业以主动居多。夫妻双方有一人完全放弃生产性工作，转而从事需要投入大量劳动然而实际上不创造价值的工作，比如用几个小时分类垃圾、明明可以用洗衣机洗衣服却坚持手洗、每天将被子叠起来放进壁橱并将床铺打扫得一尘不染，等等，以此缓解社会矛盾。

如果从这个层面来看，未来人类分工在一方面不断加强，然而由于固有的生产和分配模式，人类的分工需不断弱化，用以消耗掉过剩劳动力。若果真如此，那么外卖市场面临的不是潜力的爆发，而是萎缩。要知道，做饭绝对是消耗过剩劳动力的重要方式。

当然，这只是对未来可能会发生的情形的一种推测，至少根据目前的市场来看，外卖行业还是存在很大机会的。

相信大家叫外卖的时候会产生疑问：为什么刚下单几分钟骑手就在路上了？厨师是怎么把红烧肉、松仁玉米这类菜在几分钟之内做好的？为什么许多餐馆的菜单都大同小异，就连图片都是一样的？

实际上，不同餐馆相似的菜都很有可能来自于同一间厨房，或者可以称之为“工厂”。

现在有一种东西叫“料理包”，说白了就是密封好的成品。比如，外卖中常见的三杯鸡、香菇滑鸡、卤肉饭等，都是这种料理包出的菜。料理包起源于日本和中国台湾地区，经过多年的发展，包含的菜品逐渐增加，而且上菜速度快，味道也不逊于一般厨师做的菜。

类似的技术最早被肯德基、麦当劳等西式快餐行业普遍应用，如今这种料理包则遍布外卖及各类餐馆的后厨。分析外卖的发展，实质上就是在讨论工业化趋势。外卖本身逃不开工业化，从制作到配送都是如此。

不仅是外卖领域，工业化还遍布了餐饮行业的其他领域。无论是全智能做菜机 + 菜谱程序下载 + 半成品智能配给的外卖模式，还是从便利店买简餐回家加热食用，无不是典型的工业化方案。

其实工业化没什么不好，它能节省时间，提高效率，符合社会发展趋势。退一步说，就算自己在家做饭，所用的原料本身也是工业化规模制作出来的，去餐厅吃到的食物也同样出自于中央厨房工业化的半成品烹饪。由此可见，外卖行业将会在工业化的道路上更进一步，标准的工业化食品足以满足普通人的需求，因为人类的需求是“吃”而非“做饭”，因此外卖市场具备巨大的潜力。

在市场层面，2016 年网上外卖市场形成饿了么、美团外卖、百度外卖三足鼎立的格局，市场集中度进一步提高。但对于市场而言，盈利仍是企业关注的核心问题。美团出售猫眼电影票业务，饿了么进军传统物流业，黄太吉转型外卖平台一年后关闭大量工厂店，一系列市场行为都反映出当前外卖领域面临盈利的巨大挑战。外卖业务受限于高边际人力成本，盈利仍需要发挥“互联网 +”的信息化及数据挖掘优势，提高上游传统餐饮的品质及配送效率，或降低下游用户交易成本，提高用户体验。

6.13.3 网上支付

截至 2016 年 12 月，我国使用网上支付的用户规模达到 4.75 亿人，较 2015 年 12 月增加 5831 万人，年增长率为 14.0%，我国网民使用网上支付的比例从 60.5% 提升至 64.9%。其中，手机支付用户规模增长迅速，达到 4.69 亿人，年增长率为 31.2%，手机支付的使用比例由 57.7% 提升至 67.5%，如图 6-23 所示。

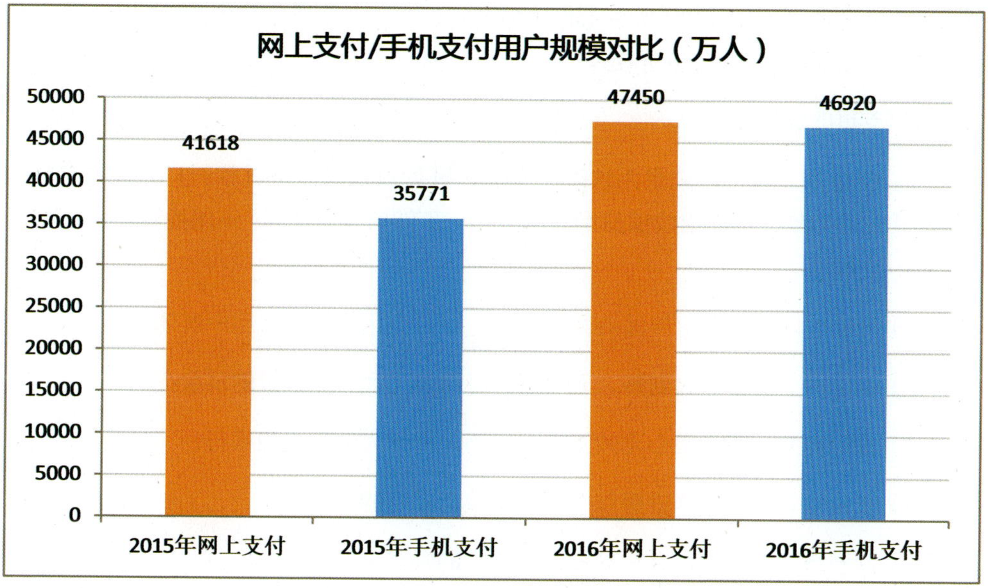

图 6-23

随着智能手机的普及，支付手段不断趋向于简单、方便，从现金到刷卡，再到只要一部手机就可以完成一系列交易，所以手机支付不仅是趋势，而且必将成为一种形式。

手机支付与传统支付的区别主要在于数据的沉淀。传统支付从付完款的那一刻起，也就意味着这笔交易终止了，商家跟客户的关系也会断裂。而手机支付却恰恰相反，完成支付只是一个开始，它可以建立客户与商家的联系，让商家和客户产生黏性。所以，未来手机支付不仅是一种交易或者收款方式，还是一种营销工具，帮助商家做一些运营，真正成为一种盈利的工具。支付 + 营销才是手机支付最正确的深度理解，其也将会成为一种基础设施，成为人们生活中的必需品。手机支付的使命将不再是完成简单的支付，而是通过支付这个基础环节帮商家把门店生意做起来。

在线上支付领域，各网络支付企业不断深入与各级政府、公共服务机构及社区的合作，涉及民生类的缴费环节陆续打通，全方位的民生服务网上缴费体系基本搭建完成，并加速推广。水电费、煤气费、物业费、网费、有线电视费等常规生活类缴费在纳入网上缴费体系的同时，加入诸如自助提醒等功能，使得缴费更加智能；就医挂号、交通违章、校园类缴费等社会公共服务实现网上缴费，极大地提升了公共服务机构的效率，切实解决了大众现场缴费不便的问题。

手机支付的优势如下：

（1）便捷性。收付方式更为快速、便捷，顾客只要在准备付款时打开支付宝钱包或微信钱包的付款二维码给收银员用扫描枪扫一下即可完成交易，不用找零，不用签字，资金实时到账。

（2）开放性。让生意直接面向微信用户、支付宝用户等庞大用户群体。

（3）安全性。资金即时到账，无风险，同时也无须存放大量的现金在店铺里。

（4）省时省力。不必担心无效支票，也不必携带大量现金到银行。

（5）准确性。可避免先进操作中人为错误及盗窃的发生。

（6）消费激励。鼓励现金短缺却又想购物的顾客进行消费。

（7）时效性。交易记录和客户收据自动打印，系统自动保存入档，便于账目管理。

（8）潮流性。引领互联网移动支付潮流，提升店面形象，提高店铺档次。

（9）持续性。手机支付必将成为以后市场发展潮流，没有云收单软件将被市场淘汰。

（10）防止性。防止收到假钱和找错零钱。

（11）经营性。消费即关注，客户消费支付即关注商家公众号或服务窗商城，沉淀客户数据有利于二次营销。通过线上带动线下。

（12）优惠性。针对各行业商家，微信、支付宝等均有相应的活动补贴，如满十随机立减等。

在线下支付领域，经过网络支付企业大力的市场培育，支付场景极大丰富，消费者在饭馆、超市、便利店等线下实体店使用移动网络支付工具的习惯初步养成，并快速向低线城市渗透，出门“无钱包”时代悄然开启。网络支付给用户带来购物环节的便捷，对于商家而言，降低了收单成本、解决了现金管理带来的不便，使线下网络支付应用得到迅速蔓延。

6.13.4　网络直播

2016 年网络直播服务在资本力量的推动下持续发展。截至 2016 年 12 月，网络直播用户规模达到 3.44 亿人，占网民群体的 47.1%，较 2016 年 6 月增长 1932 万人。其中，游戏直播的用户使用率增幅最高，半年增长 3.5 个百分点，演唱会直播、体育直播和聊天真人秀直播的使用率相对稳定，如图 6-24 所示。

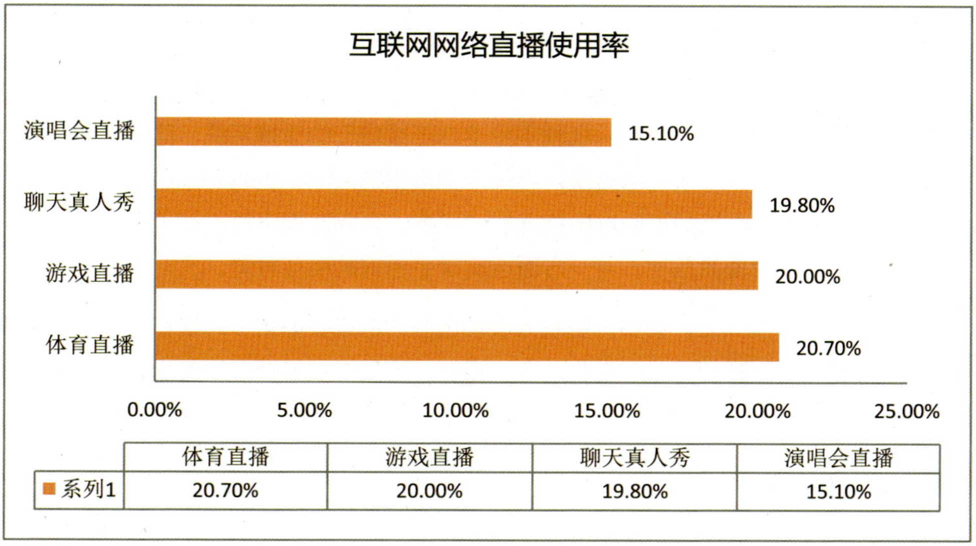

图 6-24

游戏和聊天真人秀类直播内容的监管力度在 2016 年不断加大，相关政策与整顿行动陆续实施，对行业高速发展过程中产生的乱象进行了有效打击。

2016 年 4 月，文化部宣布将对国内各大型网络直播平台的违法违规内容进行查处，并首次对网络主播认证和内容备案提出具体要求。

2016 年 7 月，首批 23 家网络文化经营单位旗下的 26 个网络表演平台受到查处，4000 多个涉嫌严重违规的表演房间被关停。此后，《关于加强网络视听节目直播服务管理有关问题的通知》和《互联网直播服务管理规定》陆续出台，为行业进一步健康发展奠定了政策基础。

2016 年，在国家相关部门的监管下，网络直播视频行业整体朝着健康、有序的方向发展，主要呈现出以下三方面特征。

首先，在内容层面，各大视频网站纷纷将自制剧提升到战略高度，自制内容朝精品化方向发展。国家新闻出版广电总局网络司网络视听节目备案库数据显示，2016 年 1 月 1 日一 11 月 30 日，视频网站备案的网络剧为 4430 部，共计 16 938 集，节目数量与 2015 年相比呈现井喷式增长。此外，网络自制节目在专业性、观赏性、艺术性上也有显著提升，品牌意识、精品意识增强，部分网络剧跻身年度热剧行列。

其次，在播出模式上，基于视频网站的优质内容，视频平台收费首播、台网免费后播的新台网共赢模式逐渐规模化。视频平台逐渐形成自己的排播系统，网站付费会员为“好看”“先看”付费，不仅能缩短从内容生产到播出的周期，也有利于制作公司加速商业投入的回收。付费首播舆论助推电视剧的收视率，台网跟播则再次扩大电视剧的关注度，一方面实现用户覆盖互补，另一方面也实现了台网的相互导流。

最后，在商业模式上，会员付费收入表现出强劲的增长趋势，网络视频生态圈逐步形成。一方面，网络视频行业广告收入增长疲软，会员付费等增值服务后劲十足，各大视频网站通过大剧排播模式创新、VIP 会员内容的有效开拓，积极拓展会员服务在网民中的渗透；另一方面，以网络视频为核心，辐射直播、商城、游戏、文学、社交、电影票务等多种服务的视频生态圈正逐步形成，为消费者提供一站式的体验和服务，带动整个数字娱乐市场上下游产业的繁荣。

6.13.5　在线教育

截至 2016 年 12 月，中国在线教育用户规模达 1.38 亿人，较 2015 年年底增加 2750 万人，年增长率为 25.0%；在线教育用户使用率为 18.8%，在 2015 年的基础上增长了 2.7 个百分点。其中，手机在线教育用户规模为 9798 万人，与 2015 年年底相比增加 4495 万人，年增长率为 84.8%；手机在线教育用户使用率为 14.1%，相比 2015 年年底增长了 5.5 个百分点。

中国在线教育重点细分领域呈现出不同程度的发展。首先，2016 年在线中小学教育市场迅速发展。在线教育重点细分领域中，中小学教育（又称 K12 教育）用户使用率最高，为 53.4%，较 2015 年年底提升了 15.7 个百分点，用户规模为 7345 万人，年增长率为 76.9%。

中小学互联网设施的完善为高清直播课程等在线教学方式提供了基础，年轻教师对互联网的接受程度高，更容易推广在线教育产品。

中小学教育培训市场主要以线下培训为主，辅之以在线题库、在线作业、在线课程复习等方式，线上线下相结合，以达到更好的培训效果。

家长作为培训课程的决策者，为优质教育服务付费的意愿和能力都较强。

其次，中国在线职业教育需求旺盛，网民使用率为 34.4%，用户规模为 4731 万人。随着中国经济的转型升级，人才结构性矛盾越来越突出，高层次技术技能型人才的数量和结构远不能满足市场需求，在线职业教育仍是一片待开发的蓝海。此外，网民使用在线语言培训、在线大学生 / 研究生教育的比例分别为 28.6% 和 17.2%，如图 6-25 所示。

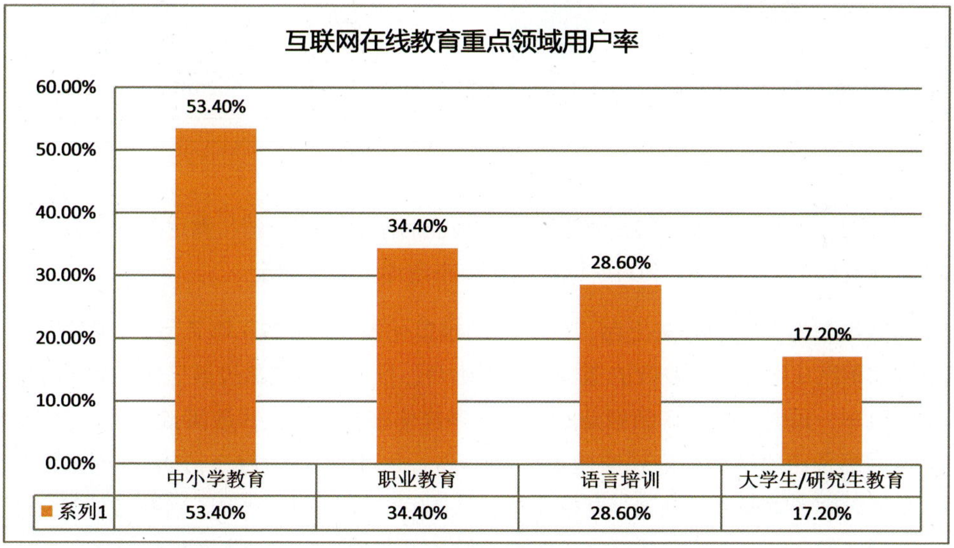

图 6-25

6.13.6 网络约车

截至 2016 年 12 月，网络预约出租车用户规模达 2.25 亿人，较 2016 年上半年增加 6613 万人，增长率为 41.7%，网络预约出租车用户在网民中的占比为 30.7%，比 2016 年年中增长 8.4 个百分点；网络预约专车用户规模为 1.68 亿人，比 2016 年上半年增加 4616 万人，增长率为 37.9%，网络预约专车用户在网民中的占比为 23.0%，比 2016 年上半年增长 5.8 个百分点，如图 6-26 所示。

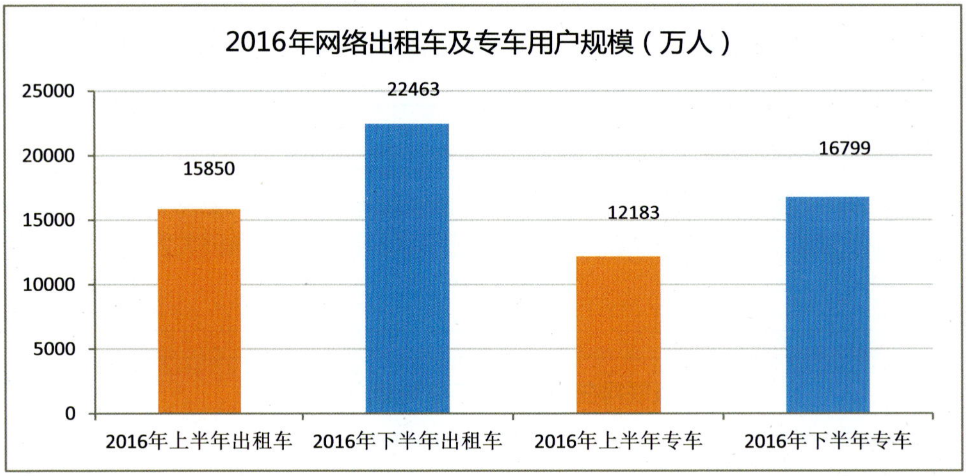

图 6-26

网络约车作为共享经济的代表性行业，在盘活车辆存量资源、满足用户个性化出行需求方面发挥了重要作用。2016 年网络约车市场逐步趋于稳定。

网络约车相关管理办法出台，促进市场规范化发展。2016 年 7 月，《关于深化改革推进出租汽车行业健康发展的指导意见》出台，推进出租汽车改革工作，构建包括巡游出租汽车、预约出租汽车新老业态共存的多样化服务体系。在政策推动下，2016 年下半年网络预约出租车用户规模增长了 41.7%；2016 年 11 月 1 日起，《网络预约出租汽车经营服务管理暂行办法》开始施行，从国家法规层面上明确了网络约车的合法地位，将网络约车纳入出租车体系，同时对驾驶员、车辆设定了较为严格的准入条件，在乘客个人信息保护上对网络约车平台提出更高要求，保障网络约车的安全运营。

各大网络约车平台积极探索新的利益增长方向，为公司转型做铺垫。2016 年，滴滴出行一方面致力于推行海外租车业务，另一方面在共享自行车领域进行战略投资。此外，还推出小巴业务，主推短途拼车，目前已涉及出租车、专车、快车、顺风车、代驾、试驾、公交等九大业务体系；神州专车则在汽车金融、汽车电商领域发力，2016 年下半年新推出的一站式汽车金融服务平台，为客户提供包括二手车金融、汽车抵押借款在内的汽车消费信贷服务，同时积极募集资金用于开拓旗下汽车电商平台的发展。

6.14 移动电子商务的优势

随着无线网络的完善和智能终端的普及，移动互联网已经深入人们的生活。基于移动互联网的电子商务已成为一种重要的商业运作模式。目前，人们已经意识到融合移动通信技术的电子商务将来具有更大的潜力。与此同时，嗅觉敏锐的产业链各方也在暗自较量，在竞争中造就一个更大的市场蛋糕，移动电子商务正成为下一个引爆点。

移动电子商务具有如下优势：

（1）真正做到随时随地服务。移动电子商务不受时间、距离和地域的限制，通过无线技术在任何地方直接为用户提供电子商务服务。用户真正做到随时随地地获取所需服务、应用、信息和娱乐。他们可以在自己方便的时候，使用移动电话或 PAD 查找、选择及购买商品和服务。

（2）多样的个性化服务。由于移动电子商务本身固有的特点，其非常适合大众化的应用。移动电子商务具有灵活、简单、方便的特点，不仅能实现在因特网上直接购物，它还是一种全新的销售与促销渠道。移动电子商务完全支持移动因特网业务，可实现电信、信息、媒体和娱乐服务的电子支付。移动电子商务不同于目前的销售方式，它能完全根据消费者的个性化需求和喜好定制服务，用户可以随时随地使用这些服务，设备的选择及提供服务与信息的方式完全由用户自己控制。

（3）更多的商机。因特网与移动技术的结合为服务提供商创造了很多新的商机，使其能够提供更多种类的服务项目，并且能够根据客户的位置和个性提供服务，从而建立与客户的关系，使企业的盈利空间大大增加。

科技改变生活，10 年前，谁能够想到用手机就可以点外卖，不出门就可以逛街购物，不去旅游也能网罗天下各种特产，现在人们的衣食住行都与科技、移动互联网密不可分。在科技日新月异的今天，任何我们觉得不可能的事物都有可能变成现实，就像 10 年前人们无法想象到如今繁荣的移动互联网一样。那么在接下来的 10 年里，又有哪些新科技可能会出现呢？我们可以大胆想象当设想能够变成现实时，将会使世界发生翻天覆地的变化。移动互联网正在发挥它更大的潜力！

6.15　移动电子商务的发展趋势

（1）企业应用将成为移动电子商务领域的热点。移动电子商务在我国既有广泛的应用空间，又有庞大的用户群体，相关技术也已经具备一定的成熟度。移动电子商务的快速发展，必须基于企业应用的成熟。企业应用的稳定性强、消费力大，这些特点个人用户无法与之比拟。而在移动电子商务的业务范畴中，有许多业务类型可以让企业用户在收入和提高工作效率方面得到很大的帮助。企业应用的快速发展，将会成为推动移动电子商务的主要力量之一。

（2）移动信息将成为移动电子商务的主要应用。在移动电子商务中，虽然主要目的是交易，但实际上在业务使用过程当中，信息的获取对于带动交易的发生或是间接引起交易是有非常大的作用的。比如，用户可以利用手机，通过信息、邮件、标签读取等方式，获取股票行情、天气、旅行路线、电影、航班、音乐、游戏等各种内容业务的信息，而在这些信息的引导下，有助于诱导客户进行电子商务的业务交易活动。因此，获取信息将成为各大移动电子商务服务商初期考虑的重点。

（3）安全性问题仍将是移动电子商务中的巨大机会。由于移动电子商务依赖于安全性较差的无线通信网络，因此安全性是移动电子商务中需要重点考虑的因素。与基于PC终端的电子商务相比，移动电子商务终端运算能力和存储容量更加不足，如何保证电子交易过程的安全，成了大家最为关心的问题。

（4）移动终端的机会。随着终端技术的发展，终端的功能越来越多，而且考虑人性化设计的方面也越来越全面。比如，显示屏比过去有了很大的进步，而一些网上交易涉及商品图片信息显示的，可以实现更加接近传统PC互联网上的界面显示。又如，智能终端的逐渐普及或成为主流终端，如此一来，手机更升级成为小型PC，虽然两者不会完全一致，也不会被替代，但是手机可以实现的功能越来越多，对于一些移动电子商务业务的进行，也更加便利而又不失随身携带的特点。以后终端产品融合趋势会愈加明显，你很难清楚界定手上这个机器是手机、电子书还是MP4，在你手上它就是一个有应用价值的终端，取决于消费者的需求方向。

（5）移动支付将成为最有潜力的支付手段。移动商务的发展离不开完善的支付方式和支付手段。移动支付可以简单定义为借助手机、掌上电脑、手提电脑等移动通信终端和设备，通过手机短信息、IVR、WAP 等方式所进行的银行转账、缴费和购物等商业交易活动。使用手机小额支付方式时，费用一般会直接加到用户的话费中。当需要进行大额支付时，手机和信用卡一般是绑定的，由于数据是通过无线方式传送的，而且还有用户确认的过程，因而安全性能较高。在电子商务中，支付手段一直是令消费者和在线销售商十分关注的问题，而移动支付是一种很好的解决方案。

移动电子商务作为一种新型的电子商务运作方式，其利用移动无线网络的优点，是对传统电子商务的有益补充。当然，这并不意味着以 PC 作为 Web 客户机的传统电子商务将停步不前，未来电子商务将同时支持这两种电子商务运作方式。通过移动电子商务，人们可以更加快捷、方便地开展各种商务活动，大大提高了工作效率。我们可以预见，移动电子商务将成为未来电子商务领域的主战场。

反侵权盗版声明

举报电话：（010）88254396；（010）88258888

传　　真：（010）88254397

E-mail：dbqq@phei.com.cn

通信地址：北京市万寿路 173 信箱

电子工业出版社总编办公室

邮　　编：100036